陈阳梅

著

教育路上
且行且思

北方联合出版传媒(集团)股份有限公司

万卷出版有限责任公司

学习者

策划者

班主任

教师

行政长

校长

书记

图书在版编目（CIP）数据

教育路上且行且思 / 陈阳梅著. -- 沈阳：万卷出
版有限责任公司，2024.9. -- ISBN 978-7-5470-6586
-0

Ⅰ. G622.0-53

中国国家版本馆CIP数据核字第2024JF5646号

出版发行：北方联合出版传媒（集团）股份有限公司
　　　　　万卷出版有限责任公司
　　　　　（地址：沈阳市和平区十一纬路29号　邮编：110003）
印　刷　者：长沙市精宏印务有限公司
经　销　者：全国新华书店
幅面尺寸：170mm × 240mm
字　　数：210千字
印　　张：16
出版时间：2024年9月第1版
印刷时间：2024年9月第1次印刷
责任编辑：张冬梅
责任校对：刘　洋
策　　划：张立云
装帧设计：云上雅集
ISBN 978-7-5470-6586-0
定　　价：89.00元
联系电话：024-23284090
传　　真：024-23284448

自序 演绎角色人生 践行职业宣言

　　时间一晃而过，还清晰地记得，当年报考师范，所有人都反对，舅舅还从外地赶回衡阳和我长谈了整整一个晚上。在当时，家里的亲戚朋友都认为我将来应该从事银行或者是外贸工作，因为成绩优异，我应该选择，而且也有能力选择更吃香的行业。可我还是义无反顾地填报了师范专业。如今，在教育教学这条路上，我已经行进了整整三十年。真的很庆幸，我寻找到了自己喜欢的职业来作为我终生奋斗的事业，痴心不悔、初心不改，我享受其中、沉浸其中，满满的幸福感萦绕在我生命的每一天。

　　读师范的时候，学校的党委书记兼任了我们班的物理老师，学科知识我已经记不得多少了，但他有一句话我始终铭记于心，他说："错误的决定比犹豫强千百倍！"这成为我走上工作岗位之后的座右铭。行思之间，我努力成长为自己想要的模样。我想所谓的"行"就是要脱离静止的状态，每天往上攀爬一点点；就是改变原有的样态，每天进步一点点；就是保持自信的姿态，每天展现一点点。而"思"在我看来，就是在重复中创新、在困顿中破局、在行进中体验。

1994年我初上讲台，我的老校长、老书记有一句话时常挂在嘴边："不要做照本宣科的教书匠，要做人民的教育家。"这在当时近乎口号的一句话，却也真的流淌到我的血液当中，我怀揣着对教育的无限憧憬开启了自己的教育生涯。我任职的第一所学校——五一中路小学，在当时还同时是一所夜校的办学地点。这样，我就有了得天独厚的学习环境。白天上班，晚上上课，一直到结婚前都是这种状态。这也使我养成了一边实践一边思考的习惯。1996年，一堂语文课"要下雨了"在全国语文、数学协同研讨活动中获一等奖；1997年，又在省里赛课捧回一个金奖；1999年，不满二十三岁的我成为芙蓉区小学语文教育研究会最年轻的理事。仅仅两年，我被推任为芙蓉区小学语文教育研究会理事长，面对全区的小语工作，我用心谋划，在连任的两届中，组建的团队连续两年获省级特等奖，我自己被评为优秀会员，小语会也被评为优秀教研会。我以自己的踏实进取赢得了同行们的赞许，被评为芙蓉区首届青年岗位能手、首届十佳教学能手、"御天杯"明星教师、芙蓉区语文学科带头人、长沙市首批骨干教师，被湖南省教师发展中心聘为国培计划学科专家、工作坊指导专家，先后被评为芙蓉区先进教育工作者、长沙市优秀教师、湖南省优秀教师。深厚的专业底蕴成就了我的职业深度。

我深知，科研思维才能铸就职业高度。我始终以饱满的激情站在教育科研的最前沿。早在1999年，作为小语会的理事长，我是语文课题

"小学语文教学创新研究"的主研负责人员。这一课题荣获长沙市友谊科研成果一等奖。"小学礼仪教育的途径与方法研究""中华优秀传统文化进校园的途径研究",每引领一所学校,我就带领全体师生潜心研究,此两项课题均捧回市级一等奖。开发的魅力园校本体验课程,接待了英国和国内的甘肃、四川等地教育考察团一千余人次,得到全国各地专家、学者、同人的一致好评,获得长沙市基础教育成果评优一等奖,并被推送到全国评奖。如今作为芙蓉区实验小学的校长,我仍旧坚持以"课题研究"铸就学校的发展高度,市级规划课题"适性教育主题式绘本阅读研究"获得高度评价,顺利结题,荣获市级一等奖;省级三个课题、区级十二个课题均在我的主持与指导下稳步推进。边践行边研究,我陆续写下论文近一百篇,在核心杂志上发表文章二十余篇,先后被评为教育科研先进个人、全国协同实验先进个人、全国发展与创新课题实验先进个人、长沙市2003—2008年度中小学教育科研先进个人、第三届湖南省基础教育教学成果评审专家。

2010年,我开始走上校长岗位。引领新校迅速崛起,已经成为我校长生涯的名片。创建育英第二小学,《湖南教育》以"追寻富有创意的学校生活"为题,专题报道我的办学思想。担任育才第三小学校长,以"书法"为切入口,仅三年,学校被授予全国书法实验学校。在五一中路小学任校长期间,又以"声乐特色"为契机,将"以艺益智、以艺育德、以艺怡情"变成五一中路小学全体教师的共同理想。2019年2月,我调任芙蓉区实验小学任校长一职。这是一所全新启航的高起点学校。局党委看中的正是我的经历、能力与情怀。开学的第一次教师大会我就将"闪耀自己,辉映他人,点亮星空"的教师文化植入老师的心田。构建学校"让每个生命亮成一颗星"的育人理念，开学典礼"以时代的声音致敬祖国"被《长沙晚报》全程报道。亲自撰写学校课程方案，在市级开放活动中进行成果展示。历经五年，今天的芙蓉实验小学是英语PRT项目实验学校、"中国好老师"公益行动计划项目校、湖南省首批少儿趣味田径试点学校、湖南省绿色学校、湖南省青苗计划戏剧项目实验试点校、长沙市首批儿童友好型学校、长沙市垃圾分类示范校、长沙市体育传统项目学校；是长沙市第一中学、长郡中学、雅礼中学田径后备人才培训基地；在全国趣味田径比赛中连续两年夺取第一名的好成绩，并捧回"人气冠军团队"的奖杯；作为湖南省啦啦操运动协会会员单位，连续四年夺取不同组别的冠军奖杯。我以"阅读—绘本—戏剧"为路径打通学生的生命成长通道，更是为孩子们提供了各种学习、体验、展示的平台。累累硕果，记录的是作为校长的担当与操守。如今的芙蓉区实验小学是大家心向往之的优质学校。2023年，我入选"湖南省新时代基础教育名校长名师培养对象"。

一路走来，我像一只心怀执念的鼍龟，可却收获一路的惊喜，在不经意间总能碰上隆重的盛典。是教师这个职业升华了我的生活，铸造了我的信念，萃取了我的人生真谛，更让我看到了更高层次的幸福源泉。任凭岁月更迭世事沧桑，任凭青春流逝憔悴红颜，我愿永守心中这盏希望之灯！用身心和真诚践行教师宣言！

C目 录
ONTENTS

第三章 为行政

第四章 为教师

第五章　为班主任

第六章　为策划者

第七章　为学习者

三十年前，带着一脸的稚嫩，我走上了三尺讲台。上班的第一天，满头银发的李书记一手拿着抹布，一手拎着拖把，走进我接任的班级教室。没有一句指示，没有一声交代，书记佝偻着背，帮我从第一张桌子抹到最后一张桌子，从教室的前门拖到后门。这种给予我的温暖让我铭记一生，这份触碰心灵的感动也一直伴随我成长。自此，我认定：书记是威严而坚定的，他永远带着你走正确的道；书记是敏锐而清醒的，他永远知道底线在哪儿，随时提醒，随时指正；书记是智慧而练达的，让团队中每个人找到自己的位置，和谐而高效地运转；书记是温暖而豁达的，永远能容人之短，谅人之过，察人之难，思人之长，给予我们向上的力量。

走在一起是缘分　一起在走是幸福

2017年7月8日，我走进五一中路小学，这座熟悉而又陌生的校园。熟悉是因为我生命中的许多第一次，都在这个校园里发生，从十八岁到三十四岁，整整十六年，我从一位师范生成长为一名教育工作者。说她陌生，是因为调离七年之后重新回到这个校园，三十九位教职员工，我只认识其中的八位，其余三十一位都将第一次走进彼此的生命。那天我在心里暗暗许诺：一定要让身边的人，因为我的存在而更加幸福。

约定·怦然心动

约定是一种态度，更是一种期待。期待教师的茁壮成长，期待幸福的悄然而至。为学校发展而做的约定，不仅仅是责任的代名词，更是决心和信心的开始。

彭艳如，时任五一中路小学党支部书记兼校长。我们的交接工作不仅仅限于把彼此的资料拷入电脑和U盘。整整一个下午的漫谈，自己的责任逐渐明晰。作为第十五任接棒人，要的不是另辟蹊径，而是在前任的基础上，夯实丰盈。五一中路小学党建项目——"梦之队"青年教师成长营，就是学校持续发展的切入点。三十五岁以下教师是这个团队的学员，二十四名学员中，党员有八人，我们采用一位党员牵手两位普通教师的形式，组成八个"三人行"小组，组内成员在工作中互相帮助、在生活中相互温暖、在精神上相互鼓励，党员是组内正能量的传递者。三十五岁以上教师是导师。支委所有成员成为引领团队的首席。一个项目让五小所有的教师凝聚在一起，党员老师就是这艘航船的舵手。开学的第一次活动，我们就策划了隆重的开营仪式。彭艳如书记如约而至，在仪式中完成前后两任领头人的精神传递。

如果说开营仪式上，我和老师们相识，那第一次例会就让我们开始迈入相知。我带大家做了一个游戏，每个人将自己的姓名写在精心准备的卡片上。收集起来的卡片有序地散放在会议桌上，老师们用最快的速度寻找到写有自己名字的卡片。当老师们在手忙脚乱中疯狂寻找时，我们记录所耗时间。游戏结束，我让老师们思考：如何能更快？"拿起任何一张直接递给写着名字的那位老师。"这是老师们自己想到的。再次尝试，用时只有几秒钟。游戏中老师们明白：给予他人想要的，你就会得到自己想要的。这就是我要传递给大家的：在相互给予中实现共赢！就如同恋人，我们有一种怦然心动的感觉，老师们用欣赏的目光看着我，我也用赏识的神情凝望着大家。这次我们约定：每天中午，通过微信截图分享基本功练习心法；每周例会，我们聆听案例讲座；每月最后一个周一，我们静心阅读；每期，我们相聚户外开展拓展培训。

陪伴·两心相悦

陪伴是由心而生的一种情境，每一次会心的点头，每一回会意的眼神，都能让心不经意地温暖。

陪伴就是彼此需要。我喜欢待在校园里，喜欢记录下老师的点点滴滴。大课间体育老师主持往返跑。一位班主任伸出双手，让每个孩子拍一下她的手再折返。我拍下这个镜头在例会上给老师做"伸出双手的艺术"主题讲座。运动会上，一位老师用身体挡住篮球架防止孩子撞上。我以此为重点，给老师们讲"细微之处最有温度"。有段时间，各条线上的工作特别多，老师们忙碌中有些慌乱，我从数学的象限引申出工作规划中的"象限思维"，告诉老师们把手头的事情分为四个象限。根据轻重缓急对工作进行排序，做到有条不紊、张弛有度。"许诺的力量""岗位精神"……整整一个学期，每周例会分享一次。这份坚持与用心，让老师们习得的不仅仅是一些方法与经验，还有职业的操守、师德的践行、意识的渗透，更是感知相濡以沫、彼此需要的情分。现在老师们也纷纷成为主讲人：彭老师的"朝光明迈进，构天下大同"、陈老师的"八分用心，两成守望"都从不同视角给老师们带来思考。

陪伴就是彼此约束。我所到的学校，都会在全校推行晨间诵读。每个老师负责两次早间的班级诵读。怎么让老师支持我们的这个想法呢？我们认为最好的语言就是"以身作则"。会议上我们宣读了晨读方案，但同时我们也告诉老师：每天八点之前，不要大家操心。书记、校长两人负责，书记在校门口迎接师生，校长在教学楼或巡视或提醒或指导。八点整，请负责的老师准时进教室。连续两个星期，我们最早一个到校，最晚一个离开。陆续进入校园的孩子已经很乐意地摇头晃脑诵读经典。没有多说一句，没有提醒一人，老师们积极投入。一个月后，一群品味到意境的老师主动要求在例会上朗诵。梦之队借此契机，饶有兴趣地开展了"春风十里，不如爱读诗的你"古诗词诵读系列活动。我知道对于老师来讲这已经不是一项需要完成的任务，而是一个静心享受的过程。要求他人做到自己率先做到，这是智慧，更是担当。很多时候只要你做了，老师就会跟上你的脚步。

陪伴就是彼此温暖。一群年轻人，在我们设计的轨道上努力前行。可我们发现老师们埋头苦干的多，相互关照的少。怎么办？几位行政人员凑在一起谈及此事。"我们来策划一些活动吧！有些东西不是你重复唠叨就能有效的。让老师们去经历、去体验，可能会触及他们的内心世界。"一石激起千层浪，我们策划出"天使在身边"的活动方案。活动在我们的期待中开始，五一中路小学的老师们个个化身为"守护天使"，大家以抽签的形式找到自己的"守护对象"，并用秘密行动向"守护对象"表达关爱、欣赏，给予帮助。一张小卡片，写上只言片语；一份小点心，寄托关注无限；一杯热咖啡，送上祝福无尽……"守护对象"则需要观察、留意别人对自己的付出，及时拍照分享，以感恩的心接受。一时之间，每一个老师身边都多了一位天使，每一位老师也都在充当着天使。在长达两周繁忙且甜蜜的日子里，老师们的心都被温暖着，挂念着，忙碌着，猜测着……两周之后，我们在会议室举行了温情的分享会，每一位老师深情地写下自己的感悟，五小第一本诗集《天使在身边》也随即编辑成书。"天使"已经不是一个人、一个名字，而是在你失意时的一句鼓励、在你惆怅时拍拍你肩膀的一个动作……"天使"是我们五小的每一个人。老师们更明白，守护的过程不仅仅是给予他人温暖，更是让自己有一双发现的眼睛，有一份柔善的情怀，更有一颗感知的心！一次精心策划的活动落下帷幕，但开启了我们五小的同事情缘。这种互相关怀、彼此感激、心存感恩的精神将成为一种习惯，让我们每天都能在这浓浓的情缘中开始每一个征程！

成长·心花怒放

体验即经历，经历即成长。它是历练心智的旅程！

我常说：过程你一定要全力以赴而不是尽力而为，但结果我们不强求，因为有时确实需要一些运气。夹在三所名校中的五一中路小学过得很平静，但少了些许爆发力。我们确实需要找到一个契机，让老师相信：自己能行！

我们以艺术展演为契机，开始了全力以赴的征程。选队员，全部学生五百二十六人，一个一个听，三十个声音可塑，就会有四十个五音不全的，我们矮个子中选高个子，组成了一支五十人的合唱队。家长不支持，我们一个一个谈，不占用学习时间，不耽误放学时间，诚恳的态度赢得家长的支持。老师没底气，我们调用一切资源学习、指导、培训。从基础的呼吸训练开始，晨训不间断，午训不耽误，一步一个脚印,硬是将这支队伍带上了音乐厅的舞台。区赛中我们跻身前三,荣获特等奖。市赛中我们在二十五支队伍中脱颖而出,荣获一等奖。12月的优秀节目展演,我们在芙蓉区的三支参赛队伍中得分第一。孩子、老师在努力中看到了曙光,满满的自豪感充溢整个五小人的心间。是的,只要我们愿意,我们也能做有品质的事!

第二个学期我想,不仅仅是让老师相信自己能行,更要相信自己足够优秀!开学,我就丢出一个设想:我们也来举办一次像央视《经典咏流传》似的节目。老师们的反应用三个字概括:不可能!第二个星期,当我把整套方案呈现在老师的面前时,老师们表态:我试试!操场有多大,舞台就有多大!整整一个月,七次彩排,骄阳下有老师给我递来矿泉水,有老师给我送来遮阳帽……同老师并肩作战的毅力与决心,让老师们相信:办法总比困难多!2018年5月24日,我们全体师生在湖南花鼓戏剧院举行盛大的声乐展演。当天的网络直播点击率达两万余次,湖南经视频道、湖南公共频道、湖南教育频道等多家媒体共同报道,"五百二十六名孩子在中华古诗词中演绎曲声悠扬"。从愁眉不展到喜笑颜开,再到如今的眉飞色舞,我知道这支队伍已经重拾自信。就如我们自己标榜:五小出品,必出精品。素养大赛特等奖、声乐展演特等奖、科技大赛特等奖……我想这些就是教师驱动力被激发的最佳见证。

在阳光下和喜欢的人一起筑梦是幸福,守着一段冷暖交织的光阴慢慢成长是幸福。相互欣赏,彼此需要,我始终相信:做好当下就是迈向远方!

打开一扇心窗

特色服务 "交心单"

分享我所感动的：
倾诉我所苦恼的：
交流我所思考的：

　　我们一如"微尘"，但我们拥有善良的双眸，拥有慈爱的内心，更拥有睿智的思维。当我们给予一点点，我们的世界就弥漫菊香，浮动着清新怡人，我们的世界就如繁花落尽的平和的晴空，坦然、快乐。感谢我们的世界里有你！

　　这是一张很普通的表格，但它已经深深印刻在全体教师的脑海中。每个月，老师们以办公室为单位分三个板块与学校进行沟通。板块一：分享我所感动的；板块二：倾诉我所苦恼的；板块三：交流我所思考的。这一平台的建立构建了学校畅通的信息渠道。通过工作例会、教师座谈等形式我们及时反馈老师呈报的问题，并在第一时间进行解决；在"交心单"上我们更能搜寻到老师们思想的火花、集体的智慧，为学校许多棘手问题寻求到解决方案。"交心单"上记录的感动更让我们看到了全体老师的付出。我们劲儿往一处使、心往一处想，在相互给予中共建阳光民主之维。

而后，大家会在下个月看到校园里令人欣喜的变化。这样的一张张纸如同一扇扇心窗被打开，让所有老师感受到了别样的风景，看到了身边感动的人和事，困惑与烦恼得到解决，也促使学校的各项管理工作不断优化和完善，营造了一支和谐幸福的团队。

走近这扇"窗"

在一次青年教师交流会上，老师们踊跃发言，叙说着自己近期的思想和工作情况。让人感到惊奇的是有两位年轻老师说着说着竟哭诉起来，原来她们作为年轻老师缺乏经验，虽然十分刻苦努力地学习，用心地做事，勤奋地追赶，却仍感"压力山大"、疲惫不堪。会上，几位有经验的老师马上为她们答疑解惑，悉心开解她们，让她们的情绪得到了疏解。会后，我在全校范围内进行了调查了解，发现老师们压力感确实大。大环境对教育的关注度、家长对教育的关注点、学生成长、教师成才、学校成功……各个方面的需求都对老师提出了更高的要求。为此，学校专门召开了支委会，讨论并拟定了一张"交心单"，希望通过每月"交心单"的填写，让老师们打开心扉，尽情倾吐、释放和分享身边感动的人和事，寻找身边的师德榜样，倾诉各自的苦恼和困难，交流大家对于学校各方面建设的一些好想法、好点子。学校通过"交心单"，就能发现每个人的闪光点，了解老师们心中所想，也能采纳老师们提出的许多好建议，让学校的各项工作趋于完善。

打开这扇"窗"

每月底，"交心单"总是如约而至。办公室的老师们会聚在一起讨论，说说自己的感动、烦恼和想法，并一一填写好；再由小组长上交到工会室。每一张"交心单"上都详细地记录着老师内心最真实的想法。一年多以来，每个月学校会根据实际情况进行一些相应调整，如策划工会活动时，会在"交心单"上加上一栏：你最期待的工会活动是（　　　），你最心仪的工会奖品是（　　　）。有的老师在交心单中这样描述自己身边感动的人和事：

某老师作为师傅，能尽心指导徒弟们的教学和班级管理工作，倾囊相授，并带领全组老师高标准完成学校的各项工作；

某老师带病坚持工作，其敬业精神和强烈的责任感值得学习；

某办公室老师在生活中、工作中齐心协力，共同出谋划策，互相鼓励和支持，互相指点和交流，团队的力量温暖了每一个人；

学校想方设法解决老师的困难，关爱和照顾有特殊情况的老师，采用多种方式来培养和指导年轻老师的成长，感激，更备受鼓舞；

在课间操比赛、家长会开放、办公室文化建设等活动中，老师们辛勤的付出和集体协作带来的快乐令人感动；

孩子们质朴快乐的笑脸、真实简单的话语，治愈着我们老师的心灵；

…………

也有老师倾吐了自己的苦恼：

年轻老师压力大，需解压，需释放；

能否为老师们安排一个休息的地方；

碰到脾气偏激的学生出现问题，不知如何处理；

班上很多家长没有时间和精力来关注孩子的学习情况，孩子们学习状态不稳定，如何引起家长的重视？怎样更好地与家长沟通呢？

…………

还有许多老师从学校发展、孩子成长、校园安全等多个角度表达了一些想法和建议：

上完课老师们嗓子干哑，可否每个办公室配备一台饮水机；

学校花坛杂草较多，可以考虑由老师带领中高年级孩子课余清除杂草；

学校有许多小角落闲置可惜，可否进行美化绿化，让它们成为学生的实践活动场地；

建议学校早餐能多换换形式，如馒头包子、豆浆油条、馄饨饺子、米粉面条等；

建议学校开展课间游戏比赛，集全体师生的智慧，策划和推广更多适合孩子们轻松娱乐的游戏；

…………

风景这边独好

透过"交心单"这扇心窗，每个人都看到了不一样的风景。这里有每个人的真情流露，这里也有每个人的畅所欲言，这里还有每个人的真挚感悟，这里更有每个人的智慧结晶。"交心单"记录的每一条，我都要求会上详细地讨论，努力为老师们排忧解难，改善学校的各项服务，针对提出的问题开展主题培训，并在每次的主题例会上将感动放大，交流传播开来，对苦恼和建议一一回复。对于一些学校能力范围之外的内容，例会上也会做好详细的解释，并上报上级部门请求解决。俗话说"人多力量大"，个人的力量是有限的，而几十位老师的用心观察、感受和智慧是无穷的，正因为每一个人都来关注学校的发展、师生的成长、校园的和谐，所以我们的校园正发生着可喜的变化：综合楼二楼里间设置了一间工会活动室，温馨而舒适，能为辛勤的老师们驱走疲劳；每天的早餐品种丰富，午餐精美可口，间或发放美味的水果，让老师们倍感幸福；主题培训会积极向上，班主任经验交流会答疑解惑，让老师们获益良多；办公室里文件柜的配置、饮水机的安装等，让老师们后顾无忧；丰富多彩的工会活动和精美的纪念品，让老师们轻松愉悦……

"聚首一起，源于缘分。我们都是那沾满露珠的花瓣，在彼此的生命际遇里带来一袭芳香，带给彼此心灵的静远。我们在一起，是经验的共享，是视界的融合，是灵魂的感召，是一起走在路上……"

"交心单"上的这段结束语就是最好的诠释。它不仅仅是一张纸、一扇窗，它更是一个自由倾吐的空间，一条连接每个人的纽带，一条排忧解难的桥梁，一条畅通无阻的校园"主干道"，一面全心服务的旗帜。它承载的不仅仅是老师们对党员干部的信任，长久实施下来，它更多地体现了同办公室同事间一种向上的精神力量。借着这一纸"交心单"，实现了人与人之间的互悦，点点滴滴的付出被肯定，细心考虑的建议被采纳，在一次次分享中形成了一股和谐向上的正能量，也让我们这个年轻的教师团队充满了蓬勃的生机与活力，也更具有凝聚力和创造力！小小的"交心单"发挥了巨大的作用，它让干群沟通实现零时空、零距离，将众人的智慧聚集起来，一同诠释"在细节中传递生命成长的温度"的育人理念。

在细节中传递生命成长的温度

《道德经》中有这样一段话："天下难事，必作于易；天下大事，必作于细。是以圣人终不为大，故能成其大。"学生核心素养的培育堪称大业，然却需要我们从细节入手，将德育工作化为无形中的有形，在润物细无声中浸润每一颗种子，让其生根、发芽、长出新叶、开出小花，进而绿意融融地立于天地间。

一、目标细化，有愿景意识

每一个孩子离开校园的时候都会烙上学校的印记。这正是因为每个学校有其自身的育人目标，在长期的浸润培育下，学生逐渐成长为我们所期盼的人。所以一所成功的学校，首先就应该有自己的德育工作目标。当然，"培养具有博爱之心、博学之才的未来人才！""让每个孩子成长为社会主义的合格公民！"……这些具有美好愿景的目标不仅仅是镌刻在石头上、书写在校史馆中，不仅仅是希望实现的一种愿望，而应将其细化，落实到真正触手可及的维度中去，只有这样才具备实现的可能。

在构建育才第三小学的育人目标之时，我们将"培养具有健全人格的少年"作为我们的美好愿景。怎样才能称得上有健全人格，我们寓意于"四叶草"中，细化成四个具体的目标。传说中的四叶草（Clover）是夏娃从天国伊甸园带到大地上的，花语是幸福。又名苜蓿的四叶草通常只有三瓣叶子，找到四瓣叶子的概率只有万分之一。我们借此美好的花语，隐喻我们的每个孩子都将得到幸福及上天眷顾。我们将第一瓣叶子代表习惯，第二瓣叶子代表性格，第三瓣叶子代表兴趣，第四瓣叶子代表希望。秉承"幸福"教育理念，坚持"养成习惯，塑造性格，培养兴趣，心怀希望"的核心精神，让每个人成为最好的自己！习惯就是有底线，能约束，遵守规则；性格就是有心胸，能包容，遵循规律；兴趣就是有情趣，能感受，探求未知；希望则是有目标，能坚持，心怀未来。

近年芙蓉区教育局全面实施"体验式公民教育"德育项目，我们结合学校实际，以"礼仪教育"为依托，施行公民教育。对"礼"我们进行了四个维度的诠释，即"自律、敬人、真诚、友善"。每个维度我们找准2～3个落脚点：自律表现在遵守规则、仪表大方、举止文明三个方面；敬人讲求自我尊敬、尊敬他人；真诚即诚实、守信；友善要求具有爱心、乐于合作。

二、措施细密，有规律意识

任何一个目标得以实现都需要配套一系列细密的科学举措。"细密"就是要体系完备，层级清晰，"科学"就是在设计各项措施时一定要遵循规律，否则不是半途而废就是适得其反。只有这样才具备实现的可能。

如何在体验与实践中达成我们德育的目标呢？我们构建点—线—面三者相结合的德育体系。所谓"点"，即以小学六年为轴，策划三个隆重而庄严的仪式。所谓"线"，则落实在每日的常规评比工作中。所谓"面"，则是"动态"过程中策划的各种体验、实践活动。

儿童成长有其心理变化的规律。六岁左右自我意识开始萌芽，开始摆脱对父母的依赖。到十岁左右，开始由服从到自主，倾向外界，由只相信父母到开始相信他人。十二岁左右，要求独立，被尊重，成人感与非成人心智交错。根据这一规律我们重点打造三个仪式，一年级"入学礼"、四年级"成长礼"、六年级"授冠礼"。别开生面的入学礼上，通过"鞠躬行礼""朱砂点痣""击鼓明智"等几个颇具古典特色的环节，渗透传统道德的教育，引导全校学生树立尊师重道、志存高远的品质，开启孩子的成长模式。成长礼共分为"成长"和"感恩"两个篇章。前期孩子们要经过近一个月的军事队列操练，在练习中学会坚持，学习吃苦，学着合作。"成长篇"中精彩的队列操呈现的就是孩子们长大了的有力佐证。"感恩篇"在亲子体验游戏中进行，孩子们搀扶着父母越过一道道障碍，用独当一面的行动告诉大家：我们能自主了！授冠礼在毕业生中进行。六年级的家长到场见证孩子们毕业的难忘时刻，家长们为毕业生正衣冠，学生为家长递上感谢信。家长代表及学生代表真诚发言，学生们深情地朗诵学校的希望寄语，深深感染在场的每一个人。所有的仪式象征着一种承诺、启程、改变、升华。在每年的4月、6月、9月隆重举行，年复一年成为德育体系中不可或缺的一个层面、一项传统、一种文化。

四至十一岁是每个人的童年期，这是习惯养成的关键时期，此时的儿童就如同一炉铁水，可以铸成各式各样的形状。他们听话、好训练，培养各种良好习惯最容易见成效。儿童成长的每一天都是习惯培养的好时机。我们以"我们这样过一天"为主题，从早上的进校问好到离校的卫生打扫，从清晨的早读到午间的就寝，每天公示，每周评比。见面礼仪，课堂礼仪，运动礼仪，就餐礼仪，课间礼仪，就寝礼仪，图书馆礼仪，升旗礼仪，集会礼仪……一一出台相对应的标准。就拿"就餐"来说，这个环节是培养孩子规则意识的重要契机。我们将就餐规则细化成孩子们可感、可达成的几条标准：1. 成队候场保持安静。2. 进门洗手讲究卫生。3. 队伍成线有序打餐。4. 不挑食，不浪费，不言语。5. 桌上残羹进碗，碗中残羹进桶，碗筷分离轻轻放。6. 不跳，不跑，安静回班。孩子们容易形成但也容易遗忘，在循环反复中既全面覆盖，又突出强化的重点项目。让"守规则"成为每个孩子的底线要求。

"我听了，我忘记了；我看了，我记住了；我做了，我理解了！"这是每个人认识事物的规律。"做"就是体验，就是参与。所以说，体验式的参与活动最能让学生记忆深刻，并能内化成一种自觉的行为。就来说说"跳绳达人"吧。之所以策划这个活动是因为它没有场地要求，人人都能参与，还能达到锻炼身体、磨炼意志的目的。每年12月的第二个星期，"跳绳达人"如期举行。比赛共设教师单人跳、学生单人跳和亲子双人跳三个项目，每个孩子的成绩都将记录到班级总分中，真正体现了全员参与、全员健康的运动精神。更重要的是我们请全体家长一起来见证孩子们的成长，每位家长就是自己孩子的裁判员，请家长和孩子们来共守一份约定，真实、客观地记录孩子跳绳的个数。我们在裁判员讲话中告诉家长，我们在乎数量，因为这可以为班级争荣誉，但我们更在乎真实，因为这是我们孩子品格的彰显！比赛是美丽的展示，是激情的飞扬，比赛更是真、善、美的体现。可见体验活动可以是围绕节假日或重大纪念日来策划，可以结合社区、社会资源来实施，还可以是特定场合的真实体验。前期的构建、细化将孩子的素养提升融入一个个生动的体验活动中去。每到年底我们盘点一年的所思、所想、所做，记忆中就会有教育的事。少些打扰，少些干预，将时间、精力、智慧放在育人上，大家能静下心来做教育，这就是教育留痕。

三、平台细巧，有探究意识

苏霍姆林斯基曾说过："任何一种教育现象，孩子在其中越少感觉到教育意图，它的教育效果就越大。"德育工作看似严肃且不可懈怠，但我们教育人有一双发现的眼睛、有一颗柔善的心就能时时发现玄机，处处看见契机。探究符合校情的德育践行平台，有了这些具有本土特色的德育平台，才能追求"随风潜入夜，润物细无声"的境界，才具备精彩实现的可能。

每个学校每周都有升旗仪式。在传统中习惯，在习惯中墨守。升旗仪式传承着延续至今的说教，是德育工作的一个重要平台，可如果我们有一颗敏感的心，就会尝试着去改变、去创新。我们将每周一节的思品课实施国家课程校本化，移至星期一的第一节课，命名为"璞玉讲堂"。升旗仪式一结束就是我们璞玉讲堂开讲的时间。每次由一位老师带给孩子们相关知识、故事。"有一个字叫作礼"——老师以孩子们感兴趣的故事形式，生动形象地诠释了几千年来"礼"字的演变，让孩子们懂得了"礼"最根本的含义就是人们对长辈的尊敬，一个字的演变蕴含着尊敬长辈的具体做法。"有一个成语叫作'恭而有礼'"——老师声情并茂地为大家讲述了尊师重道的故事，并结合自己在生活中遇到的尊师小故事，告诉孩子们尊敬老师的具体做法。饱含深情的讲述，让师道尊严深入人心。"有一句话叫作'不学礼，无以立'"——我们从一个有趣的童话剧开始，孩子们用生动的表演提醒大家，有礼不仅表现在尊师敬长方面，也表现在和同学友爱相处上。首先，如果身边的小朋友有什么困难，我们要主动地去帮助他们。其次，我们要大度地原谅身边的同学，每个人都有做错事情的时候，懂得原谅的人更让人乐意亲近。一个字，一个词，一句话，一个故事……少了一些"说教"，多了一些"娓娓道来"，这个讲堂如空气弥漫，如清泉流淌，成为浸润孩子们的"心灵土壤"。

随着"朗读者"活动的深入人心，现在很多学校也结合学校教师及学生的具体情况推出了"为你读诗""电台之声""绘本讲述"等平台。这就是用探究的意识捕捉生活中的热点，巧妙地将德育工作融入学生的学习生活中，对生活的感受力、对事件的理解力，这些核心素养就能在静水深流中得到滋养。其实学校的每一层楼梯、每一个过道、每一面墙、每一个角落都可以成为浇灌孩子向阳成长的阳光雨露。只要我们有心，每一寸空间都能充溢着教育者的智慧。

四、态度细腻，有关怀意识

　　文人墨客寄情于山水，因为山水间能让他们找到与大自然的同步呼吸。作为教育人，其实更希望能在教书育人中释放自己的满腔激情。面对孩子更应该将激情化为细腻的关注。换句话讲，就是用儿童的视角看世界，用儿童的立场思考问题。只有这样我们才能心怀柔善，才能做有温度的教育，才让我们的德育工作目标具备美好实现的可能。

　　1. 榜样引导，耳濡目染。"见面礼仪"是孩子们每天要做的第一个特别的作业，就是学会微笑待人，主动打招呼。每天清晨7：30，值日行政人员站在学校的校门口，向每一位学生浅浅一笑，微微点头："同学，你早！"寒来暑往，刮风下雨，从未间断。因为老师的微笑，孩子们找到了自信，老师的微笑，也走进了学生的心灵深处。几年如一日迎送，每个行政人员把它当成一份坚守，这份坚守是对学校、师生的一种关爱情怀。这种教育情怀，是学校最朴素最温暖最亮丽的底色。耳濡目染，当孩子们蹦蹦跳跳地走到学校门口，他们都会很自觉地放慢脚步，向站在门口的老师们招招他们的小手，微笑地说声"早上好"；在校园里，同学们遇见老师都能微笑着主动地说声"老师好"。他们脸上纯真的微笑便凝结成最美的画面。一个微笑，一个招手，在老师和孩子们之间传递着一份美好的心情。看似简单，却是老师和孩子们之间一个关于文明的美好约定。正是通过这样的榜样引领，文明的种子在孩子们心中播撒。

2. 评价引导，悄无声息。记得小时候特别喜欢集卡，男生、女生都乐此不疲。将心比心，这不正是儿童的思维方式吗？孩子们喜欢就大有可为。做孩子们喜欢的事，这就是有温度的人文关怀。"集卡"可以变成我们的评价方式，让评价可触可摸，更利于接受与喜欢。我们出台了"礼乐敏达"阳光少年的评价实施方案，在评价的内涵和形式上重新调整。我们设计出"明礼、知乐、博敏、健达"四张卡片，代表着不同的核心素养。集满单项卡八张，可换取一张对应的"少年卡"。集满四张"少年卡"的学生在升旗仪式上颁发"阳光少年卡"，并在校园网、学校橱窗上专刊推介。这样将抽象的德育内容具体化，与孩子们每天的生活与爱好紧密地结合起来，努力帮助学生认识自我，建立自信，激发内在发展的潜质。在此评价方式之下，我们配套建立自己的"超市"，出台自己的"货币"。相应的卡对应相应的币值，孩子们的奖品已不需要我们统一去购买，自己到"超市"选购就行。靠自己全方位的努力换取满载而归，孩子们收获着成长的喜悦。

3. 意识引导，潜移默化。"中国学生从小接受的民主教育很少，民主意识淡薄。"这是一位普通的高级教师对记者说的话。说到底，我们的孩子将来总是要走向社会成为一位公民。给予儿童关怀更深刻地表现在站在儿童发展的高度思考问题，引导意识。每年的10月，我们都会隆重地召开"中国少年先锋队代表大会"。前期征集提案，入场佩戴代表证，进行学校少先队一年工作报告，选举新一届大队委员与候补委员，回复少代会提案，公布各项评比制度，等等。每一个程序我们都到位，每一个环节我们都庄重。通过这样的方式，让孩子们提升组织意识、参与意识、民主意识。在潜移默化中与社会和谐对接。

德育工作是一个简单的事情重复做的过程。把简单的事情千百次地做好就是不简单，把大家都认为非常容易的事情非常认真地去做好就是不容易。《中庸》有言"致广大而尽精微"。当我们双眼永远仰望着星空，双脚从未离开过大地的时候，我们就能在细节中传递生命成长的温度。

愿景唤醒激情

"愿景"这个词来自英文vision，意思是希望实现的一种愿望或到达的一种境况。心理学大师马斯洛曾说："杰出团队的显著特征，便是拥有共同的愿景与目的。"也曾经听说过这样一个真实的故事：森林中迷路的一群人在经过了长途跋涉后又回到了原点。小时候玩过蒙眼敲锣的游戏，大家不是往右偏，就是往左斜。其实，这中间的科学原理都是一样的：每个人左脚与右脚迈出的步幅是不一样的，人有目标才会调整步伐！

一所学校，如何将老师拧成一股绳？首先，就是要让全体教师拥有共同的愿景，方向明晰，目标一致！走进芙蓉区实验小学的第一天，我就以"一起追梦"为主题和老师们达成了共同愿景：构建真实、宁静、唯美的教育伊甸园，创三湘名校！

当然，愿景要真正实现，需要有团队文化的支撑，需要有反复强化的渗透过程、潜移默化的浸润过程。我找到了一条渠道——教师例会。每个学校，每周星期一都会开教师例会，传统意义上的教师例会无非是回顾上周工作，各部门布置本周工作，提醒一些注意事项。我要求各部门把常规性的总结与安排全部挂网，老师一看就清清楚楚、明明白白。而这难得的一小时则开展"一周一主题"的交流。

视窗一：岗位精神

暑假巡视校园，正好碰上学校校园文化建设施工队进场。每天我都会到学校转一转，学校有一位老王师傅，从学校建校开始就担任学校的传达工作，每天他也在学校转悠，奇怪的是他总是抬着头把每栋教学楼转个遍。交谈中我知道了，原来学校在建设过程中恰逢雨水较多，教学楼顶层的裙楼有跌落粉砖块的现象。老王师傅在每天的转悠中发现了粉砖块掉落的规律。他告诉我，粉砖块掉落前一定会起泡，其次会有明显的黑褐色竖条印迹。只要有这些迹象他就会马上用警示带与隔离墩围出一个危险区域。一个暑期的相处，他跟我说过的话不超过十句，可这个抬头仰望的姿势却已记不清次数了，我拍下了这个瞬间，并把这张照片带到了教师例会上。娓娓道来中，我还带去一个家政阿姨的故事，她因家里有事需要请一个星期的假，她临走时在厨房的垃圾桶上套了七个袋子。她说这样，每天疲惫不堪的雇主就能少去很多麻烦，上班顺手将垃圾带走就好。紧接着，我讲述了自己小时候听父亲讲《船长》时的感受。当船长奋力救出其他船员后，毅然与航船沉入了大海，那时候，始终不明白船长为什么不弃船逃生。

述说中，我告诉老师们，这个姿势就是熠熠生辉的岗位精神，这份固执就是崇高的职业操守。而我们作为一名教师，每天要做到的也就四个字：按时、落实。每天和孩子们相处，我们会有不同的身份。我们是教师，我们是班主任，我们是副班主任，我们是值周老师，我们是午休值守老师。每个身份都有它的职责与要求。感性地分享后，我和老师们理性地学习每一个身份所必须执行的标准。例如，作为午休值守老师，学校就明晰了四个环节、十二项要求。

点名：按时到岗，清查人数、落实去向。（注意安全）

入场：不带零食，上好厕所，喝好开水。（注意卫生）

就寝：不讲小话，闭目安睡，保持安静。（注意纪律）

回班：关好门窗，关闭空调，做好卫生。（注意安全）

一次主题例会，老师们清楚了自己该做什么、该怎么做。开场的几个真实的事例更是从情感深处激发老师们做到、做好！

视窗二：教育的良心

体育大课间时，孩子们照常在老师的引领下来到操场集合。体育老师照例指挥。当喊完立正、稍息后，他没有指挥广播室放《七彩阳光》的广播操音乐，而是指挥全校师生集体向后转。队伍里一片哗然，因为孩子们觉得这个动作很多余，我也一时没明白。事后我问他："为什么让孩子们背对主席台做操？""这样阳光就不会直射孩子们的眼睛。"腼腆的回答，却让我看到了他对孩子细微的关怀！这个小小的动作也让我思考要带给老师们什么？

主题例会上，我以"教育的良心"为题带给老师们"大家"的故事。小和尚踩着老禅师翻墙出寺院，惊慌失措中本在等待师父的责罚，可听到的却是一句暖心的嘱托："夜深天凉，快去多穿一件衣服。"张伯苓说到做到，折断自己用了多年的烟袋杆，与同学们共同戒烟。苏霍姆林斯基与采摘鲜花的小女孩交谈后，顺手采下两朵，说道："这一朵是奖给你的，你是一个懂事的孩子；这一朵送给你的奶奶，感谢她养育了你这样的好孩子。"喜欢台风来临的小女孩原来只是因为妈妈曾经在台风来临的那个晚上说过手捧蜡烛的女儿像小天使。讲故事的过程中我出示了杨茂秀的一句话：教师这一行，最根本的良心不是教学之心，是关怀之心！而就在我们的身边，这样的老师、这样的事例比比皆是。我将一位行政人员的值周留言、一位老师的值日留言、一位家长的短信留言，有心地带给全体老师。

各位亲爱的老师（不仅仅是班主任），今天我当值。中午放学时寒风刺骨，学生带着一上午跃动的热气排队放学，很多学生衣服敞开，有些甚至忘我地只穿了一件毛衣。气温骤降，家长会更关注孩子的冷暖，请老师们都留个心眼，给从你身边走过的学生些许叮嘱：穿好衣服，拉上拉链，热了脱里面的毛衣，厚外套要穿好，特别是离开校园时。你我皆为人子女，也将会或已为人父母，给家人挂个电话，给彼此一个温暖！天冷，请记得保暖！

在大家的齐心努力下，孩子们在食堂就餐越来越有序了，等候区排队，进食堂洗手，拿勺子打饭，就餐入座，每个环节都有值日教师守候。但我发现一个问题，每个孩子在排队打饭时手上都拿着勺子，这无疑是个安全隐患，因为长长的队伍难免会有磕磕碰碰，建议调整！

今天，我的小孩不小心把棉袄弄丢了，余老师第一时间将自己的外套脱下来，披在孩子的身上。在寒风中，他守候着我的孩子，这样一等就是一个多小时，当我们家长赶来时，孩子的小手温暖如初，而余老师却已经冻得嘴唇发紫。真是我们的幸运！为学校有这样的好老师，为孩子有这样的好老师而高兴！

读着这温馨的语句，我告诉老师们，教育的良心就是特别有爱心、特别有智慧、特别有艺术、特别有方法、特别有耐心。我相信经过一次这样的梳理，老师们心中的爱会更厚重而美好。

视窗三：成长是可以把握的

在一次青年教师交流会上，老师们动情地叙说着自己近期的思想和工作情况。让人感到意外的是，有两位年轻老师竟然有辞职的想法，原来她们作为年轻老师缺乏经验，虽然十分刻苦努力地学习，用心地做事，勤奋地追赶，却仍感疲惫不堪。那次的主题例会我给老师们带去了一个绘本故事《犟龟》。

一只小乌龟听说狮王二十八世要举行婚礼，经过认真思索，第二天小乌龟终于上路了。一路上，它遇到了重重阻力和众多困难，动物们的嘲笑、走错了方向、遭遇二十八世身亡婚变……但最终小乌龟却有幸赶上了狮王二十九世的婚礼。置身盛大的婚礼现场，小乌龟得偿所愿非常幸福！读完绘本，老师各有各的解读。有的看到了小乌龟的勇气，敢于面对一切困难；有的喜欢小乌龟的执着，哪怕自己再慢也一路向前；有的悟出了其中的哲理。不管怎样老师都领悟到：只要上路了，天天坚持，总有一天会遇到隆重的庆典！

接着我讲述了杨澜的成长历程。从缺乏自信的北外大学生到央视节目主持人；从能用独立视角看问题的美国留学生到凤凰卫视主持人；从一点一点完成自己的资本积累，到成为阳光媒体集团的当家人，成长为一位传媒名人。一路走来，变的是杨澜制定的目标层次一直在提高；不变的是杨澜始终把自己定为"传媒人"，从没有偏离做媒体这个大方向。我告诉老师们，生活中很多东西是难以把握的，但是成长是可以把握的，这是对自己的承诺。我们既然选择了当老师就要做一位出众的教育人。在那次主题例会上，我们成立了学校的"幸福成长园"，要求每位教师思考四个问题：我是谁？我要去哪里？我怎么去？我何时开始行动？老师们认真地制定出自己的五年成长规划，完成了"幸福成长园"的第一次作业。

有了方向和目标的一群年轻人带着自己的职业导航图开始享受成长的快乐。这一次主题例会像一场及时雨，不仅缓解了老师内心的焦灼，更润泽了年轻人喷薄而出的激情，使之更持久，更平实。

几年下来，每周一次的主题例会我始终坚持，这需要勇气，更需要智慧。而我的动力来源于我在乎！在乎每位老师期盼的眼神，在乎每位老师每天的改变，在乎我们共同拥有的愿景。纵观所有的主题例会，我都是用心地选取实例，这些实例就来自于身边老师们的点点滴滴。这些实例有些是明晰方向目标的，有些是讲清底线标准的，还有些是团队文化方面的渗透。或从身边的故事娓娓道来，或从经典的语录剖析开去，又或者从简单的绘本情节感悟人生的道理。静水深流中引领老师提高工作质量和个人素质。这已成为学校一道亮丽的风景线，没有说教却无不震动人的心弦。

书记在学校主题活动中的致辞

视窗一：礼赞我们光荣的党
——"跟着大会学党史"绘本创编活动致辞

举世瞩目，国人期盼的中国共产党第二十次全国代表大会于2022年10月16日在北京召开！作为一名中国共产党党员，自豪感、荣誉感油然而生。我们伟大的中国共产党团结带领全中国56个民族、14亿人民，攻克难题，办成大事，推动党和国家事业取得举世瞩目的重大成就。

历经百年，我们的党伟大光荣！开辟马克思主义中国化、时代化新境界。和人民一道撸起袖子加油干！干出了彪炳中华民族发展史册的历史性胜利！实施科教兴国战略，发展全过程人民民主，坚持全面依法治国，推进文化自信自强，增进民生福祉，推动绿色发展，推进国家安全体系和能力现代化，实现建军一百年奋斗目标，坚持和完善

"一国两制"，促进世界和平与发展，坚定不移全面从严治党……一系列举措、成就让全国各族人民更有志气、骨气与底气，全体中国人依靠顽强斗争打开追求民族复兴的新天地！

作为教育人，我们一定要顺应时代的发展，利用一切契机，为孩子们创造一切条件，用创新的思维，真诚的关爱，引领孩子们走向未来。我们要明晰，我们是为国家培养有民族根基的中国人；为社会主义建设培养接班人；为实现中华民族伟大复兴的中国梦培养筑梦人！这一代孩子，他们是我们伟大祖国实现第一个百年奋斗目标的经历者、见证者，更是实现第二个百年奋斗目标、全面建设社会主义现代化国家的主力军。他们的血脉里要流淌炎黄子孙的骄傲，他们的骨子里要拥有中华儿女的倔强。我们培养的人，是能够担当民族复兴大任的龙的传人。

党用伟大奋斗创造了百年伟业，作为一名耕耘在教育一线的中国共产党党员，我们责无旁贷，唯有矢志不渝、笃行不怠，方能不负时代、不负人民、不负教师这个神圣的称呼！仅以一首小诗，献给我们光荣的党，献给我们伟大的祖国，也作为我为"跟着大会学党史"系列绘本撰写的序：

嘉兴的风吹拂人们的面庞，

南湖的船带着使命起航，

十三双紧握的手扬起新中国前行的风帆，

四亿五千万颗中国心从此敞亮有光。

您的目标是实现共产主义，

您的宗旨是全心全意为人民服务，

土地革命、抗击日寇、三大战役、建立共和，

抗美援朝、五年计划、改革开放、港澳回归，

神舟飞天、"一带一路"、救灾抗震、脱贫攻坚，

⋯⋯⋯⋯⋯

我们认定，您就是华人的精神！

我们坚信，您就是民族的灯塔！

我们敬仰，您就是中国的脊梁！

视窗二：捍卫宪法尊严，升腾民族希望
——"学宪法，讲宪法"主题活动致辞

刚刚结束的队列汇报表演，我们仍历历在目，震撼的场面让我们每个人心潮澎湃。48个方阵，步调一致，仿佛标尺丈量。2100名学子，口号响亮，宛若雷霆炸响。因为我们每个人心中有同一个标准：厚德善行，军人精神！

是的，有标准就可作为一把尺，度量位置。小到做好一件事，大到立好一个国。对国家，对社会而言，这个标准就是宪法。国无法不治，民无法不立。当我们翻开词典或者打开百度输入"宪法"两个字的时候，会跳出这样一段话：宪法是一个主权国家和地区的具有最高法律效力的根本大法。"最高""根本"这两组关键词无疑已明晰了宪法至高无上的地位，堪称治国安邦的总章程。

从清朝末年的《钦定宪法大纲》到1954年的《中华人民共和国宪法》，这期间浸润着几代人的努力与追求。1954、1975、1978、1982，

我们先后制定颁布了四部《中华人民共和国宪法》。1988、1993、1999、2004、2018，我们先后五次修正。全体中华儿女以时不我待、只争朝夕的气魄，不断适应新形势，吸纳新经验，确认新成果，做出新规范，让我们的宪法拥有持久的生命力。

1999年，我们确立依法治国的基本方略。依法治国的核心就是依宪治国。马克思说，宪法是人权保障书。列宁说，宪法是写满人权的纸。在我们的宪法中，赫然写道：中华人民共和国是工人阶级领导的，以工农联盟为基础的人民民主专政的社会主义国家。中华人民共和国的一切权力属于人民。中华人民共和国的国家机构实行民主集中制的原则……这样一部大法规定着国家的根本制度、根本任务，保障着我们国家、民族乃至人民的利益。就如同大气层保护地球，有它时，我们不曾察觉，无它时，却难以生存。

作为华夏子孙，我们生活在祖国960多万平方公里的土地上，宪法用整整一个章节，23条，规定了每一个公民的基本权利和义务。中华人民共和国公民的人身自由不受侵犯。中华人民共和国公民的人格尊严不受侵犯。中华人民共和国公民有劳动的权利和义务……字里行间写满了对每个公民尊严的保障。因为人的尊严是国家的最高价值。还记得，在十三届全国人大一次会议上，习近平主席面对近3000名全国人大代表，一手握拳，一手按住宪法，庄严宣誓。宪法在13亿人民的心中有了神圣至上的记忆。今天，就让我们也记住一个日子，2014年12月4日，这是我们国家第一个宪法日，让我们从宣传宪法开始，不仅仅享受宪法赋予我们的权利，更要去履行作为一个公民应尽的义务。

亲爱的同学们，按下依法治国"快进键"的中国，正昂首阔步迈向民族复兴、国家富强的康庄大道。让我们一起崇尚宪法，去追随一次法治人生！让我们一起捍卫宪法，去收获一份家国安康！让我们一起遵守宪法，去升腾一个民族希望！

视窗三：立德树人，践行使命
——"师德师风"教育故事巡讲主题活动致辞

师德师风建设是每个学校的重心工作，也是每一位教育工作者的必修课。聆听党中央的声音，跟随我们芙蓉区教育局的脚步，我们芙蓉区实验小学将师德师风建设纳入学校的工作日程当中，为教师的成长建立了一条通道：成长营—成长册—成长星。

如何让老师成为有爱的教育人，学校成立了"北斗星辰"教师成长营。借喻北斗七星"运乎天中，临制四方，以建四时"的地位，将全体老师分成七个小队，冠以北斗星辰之名，结合各种培训活动，铸就"闪耀自己，辉映他人，点亮星空"的"实小精神"。

"成长册"是为每位老师建立的个人档案。整本档案从"成长故事、教育案例、点滴感悟"等维度进行设计。要求老师及时反思，留下自己的教育痕迹。学校积极创设各种机会，提供各种平台，让教师在理解教育、实施教育的过程中激发热情，施展情怀。

"成长星"是学校从师德师风和教学能力两个层面推出的榜样。教师"德"为先、"风"为上、"能"为重，怎样的教师是最美的？实验小学利用微信公众号推出"我们的榜样"系列，这些榜样，用一言一行，树立着最美的教师形象，无声地影响着实小众多的老师。

今天，我们以"我们的约定"教育故事巡讲为题，开展"立德树人，践行使命"师德涵养活动。我想我们大家一起要做的，不是看着孩子一步一步走，而是陪着孩子，告诉他约定的意义。每一次会心的点头，每一回会意的眼神，让躁动的心宁静，让美好的期待沉淀。那是我们将孩子带上幸福的成长之路，用理解安顿孩子的内心，用信任树立孩子的自尊，用欣赏增加孩子的自信。那是约定抚育了家长的心田，让他们的生命也有了绿洲一片；那是教师提升了人格素养，让他们成为善良美好的播种人；那更是一所学校，一个社区，一座城市，甚至是一个民族该有的生命底色——仁而爱人。

让我们彼此相约、相守、相望。守望一个蓬勃的梦想，守望一抹芳香的春天。

　　组织成功与否，在于人的积极性能否得到充分发挥，影响人的积极性的因素有很多，其中最为重要的因素是领导行为如何及其是否有效。教育界有句名言，"一个好校长，就是一所好学校"，这正验证了一个校长作为领导者对于学校这个组织的重要性。身为我国教育事业最基层的领导者，应该创造性地运用现代管理学和领导学的知识，在实践中不断摸索，有效地提升自身的领导力。

校长素质修养的提升

领导者是组织的核心。他的素质常常左右领导者的领导方式，直接影响其领导效果。良好的领导素质是实现正确领导的前提，是保证组织功能充分发挥的重要条件，有利于整个组织营造一种蓬勃的生机。

一、确立明确的治校理念

背景条件基本相同的两所学校，在办学效益上可能存在较大差异。究其原因，很重要的一条是校长的观念不同，治校理念有别。因此，从一定意义上讲，办好学校的关键在于校长是否具有适应时代发展的科学有效的治校理念。它是校长管理和发展学校的基本思想和观念，是学校规范制度、运行机制等形成的基础。小学校长都偏重于勤勤恳恳地贯彻执行上级的部署，很少自行思考学校的远期、近期蓝图。经常是带着老师围绕上面的检查工作转。校长埋头苦干于烦琐的事务中，为各种锦旗而奋斗。随着时代的进步，学校也面临着生存与发展的压力。现在小学越来越往规模性、综合性方向发展；随着年轻人婚恋观念的变化，生源大量减少；家长给孩子选择学校的标准也越来越高。校长没有明确的治校理念，依靠经验，拼体力精力是很难给学校发展注入活力的。在不进则退，竞争激烈的办学形势下，一所学校要生存与发展，作为校长首先必须尽快形成自己的治校理念，在寻求学校发展道路、提高学校办学质量上进行全方位、长远的思考。

校长在构想治校理念时，要有积极开拓的创新精神。21世纪，没有创新的学校无法完成党和国家赋予的任务。只有创新，不断转变观念，不断寻求学校新的增长点，才能成功地把学校带入新世纪。作为校长，应让视野越过学校的围墙，从世界和未来的角度重新制定办学方向和目标。重视教师在教学改革中的设想，重视自己在学校各项工作和发展远景规划中的设想，善于在设想中寻求启示。对他人和自己现有的工作内容、方法和结果重新审定，发现不足，予以弥补，善于在过程中寻求突破口。应相信教师的工作一定存在很大潜力，据此提出新的、较高的要求，善于在现状中求发展。

校长在确立治校理念时，要本着"解放思想，实事求是"的思想路线。立足本校实际，找准影响学校发展的因素，挖掘学校自身潜在的发展优势，寻求积极有效的办法，把学校的前途放在社会发展和社会需求的大背景中思考。敏锐感知社会经济发展对教育的要求，将其自觉融入学校的教育管理实践中。校长应把握只要有利于提高办学实力、有利于学校的改革与发展、有利于提高教学质量，只要切实可行，就要破除禁锢头脑的定向思维，大胆想，扎实做。

校长在实践治校理念时，要有团结大众的协调能力。越是富有特色的治校理念，越会对教职工的工作提出更高要求，带来一定心理压力，有的教职工还会产生抵触情绪。此时校长要把个体的治校理念传递给全体教师，形成办学的共同主张。积极引导教师的心理需求向高层次发展，使全体教师投身于实现共同目标的集体奋斗之中。

二、养成勤奋的学习习惯

我国的小学校长绝大部分来自教学第一线。他们都是在教学第一线有过成功教学经验的人。能够细致入微地解决每一堂课的知识点。但担任校长后，思维方式和知识的层次结构都面临不同的要求。只有在实践中善于学习，善于总结，才能实现自身的角色换位，成长为一名优秀的领导者。

校长必须旗帜鲜明、坚定不移地贯彻执行党的教育方针。知识经济带来的人们思想观念、价值取向、知识能力、行为方式、生活情趣的变化给我们的教育带来更大的冲击。教育方针政策也在随之做相应的调整。作为校长要及时学习中央、地方政府领导的各种讲话精神，关心时事，把握其中的动态发展。学习新出台的课程改革指导纲要，把握基础课程体系，为学校的教育做出政策上的引导。

面对21世纪科学技术的飞速发展，人类知识信息量的剧增，校长仅仅懂得学科教学，仅仅了解师范学校学过的心理学、教育学的知识是远远不够的，必须通过继续教育，使自身建立起合理的、不断更新的知识结构。在党校、校长培训班学习的基础上，加紧马克思主义哲学、毛泽东思想、邓小平理论等著作的学习，加紧领导科学、现代管理学、组织行为学等专业理论知识的学习，加紧各学科、各门类的学习，增长知识面。作为领导者，要从理论和实践中丰富自己的知识。理论根底扎实，知识渊博，就能触类旁通，激发起创造性思维与智慧的火花。总结自我，观察他人，把体会与经验化为领导的科学。为学校的教育做出理论上的指导。

当今社会是法治社会，校长应是学法、守法、用法的模范。校长不知法至少会导致两个不良结果。一是因不知法而违法管理学校，二是因不知法而不能及时有效地保护学校的合法权益。现代社会活动越来越复杂，学校与学生、家长、社会的纠纷、官司也越来越多。校长应努力学习有关法律知识，将法律作为有效的管理工具，依法而行，充分尊重教师和学生的法定权利，积极督促师生履行其法定义务。将法律作为有效的保护工具，使学校、教师、学生的合法权益不受外部的侵害，当合法权益受到侵害时能及时通过法定程序补救。

三、训练健康的心理素质

作为学校的管理者，没有良好的心理素质是难以管理好学校的。心理素质是各种素质形成和能力发挥的控制机制。良好的心理素质是办好学校的珍贵的精神财富，它是一种无形的令人敬佩和信赖的权威。这种权威一旦形成，它将成为全体师生员工完成共同目标而奋发工作的强大动力，是校长事业走向成功的力量源泉。

乐观稳定的情绪状态。情绪是个人对客观环境的种种现象抱有的带有个人某些特殊色彩的心理活动。校长稳定而愉快的情绪能使教师对校长有信任感、安全感。而情绪波动过大会使教师感到校长有烦躁感、动摇感。在工作中难免会碰到不尽如人意的地方，作为校长在容易引起冲动的场合，要有意识地控制自己，动员意志，转移注意。一时的愤怒，排斥了理性，只能使自己处于孤立的地位。在遇到挫折与失败时，不怨天尤人、指桑骂槐，而应保持乐观的心理状态，分析原因，找出差距，以自己的热情与自信影响教师奋起直追，打开新局面。

博大至诚的宽容精神。领导者要虚怀若谷，谦逊容人，要乐于听取各种不同的意见，认真听取反对意见，对不尽合理的责难也要认真吸取其中合理的因素，不断改进工作，不能利用自己的职权去给老师穿"小鞋"、对顶撞过自己的人伺机报复。作为校长应把老师的不满当成鞭策自己前进的动力，检查自己工作中的不足，积极创造条件，满足老师们的合理需求。

追求卓越的淡泊心境。作为校长，酸、甜、苦、辣各种滋味都会体味。工作不到位，上级责怪你；待遇低，教职工怨你；管理制度严，教职工恨你。尤其在当今的社会大环境下，作为校长如果以金钱、权力来衡量自己的付出，那会感到绝对的不公平、不合理。工资不高，职位相当于一个股级干部，加上人们习惯地认为校长应对其主管的学校的一切事情负责，常常是做了大量工作也不一定得到人们的理解。在这一处境中，校长应具有强烈的事业心，强调工作中的成就激励。不为名利所累，不为繁华所惑，从从容容，宠辱不惊，富有卓识而不俯仰随人，高瞻远瞩而不鼠目寸光，在追求卓越中折射生命之光的璀璨。

校长艺术水准的提高

领导艺术是领导者在个人素质修养的基础上，以丰富的领导经验，深厚的领导科学造诣对各种领导条件、方式、方法纯熟巧妙、富有创造性地运用，以及通过这种运用表现出来的领导风格和艺术形象。它是领导活动的外围软组织，是决定领导事业成败的关键因素之一。小学校长应不断提高领导艺术水平，创造性地实施管理，从而逐渐形成一个良好的教师集体，充分发挥学校的育人功能。

一、顾全权与情

由于社会性的因素，我国长期奉行家长制的领导方式。在许多领导者的思维中，认为有权就能行使领导权，权力是上级授予的，必须按上级指示办事，在工作中单纯依靠行政命令对下级压服。也正是由于校长的领导地位，教职工对校长自然萌生一种敬畏感。这种心理情绪使老师缺乏与校长相互沟通的主动性，成为双向情感沟通的障碍，给工作的开展带来困难。作为一校之长，应以尊重人、理解人、关心人为前提，遇事换位思考，为当事人思考。为受窘的老师说一句解围的话；为沮丧的老师说一句鼓励的话；为自卑的老师说一句鼓励的话；为痛苦的老师说一句安慰的话；为疑惑的老师说一句点醒的话。注意老师情感的变化，注意自身情感的投入，积极消除不利的外部心理条件，为老师提供"心理安全、心理自由"，促进学校和谐人际关系氛围的形成。

二、抓住面与点

"上头千条线，下头一根针"，这句话生动地道出了学校工作的复杂性、紧迫性、忙碌性。校长大到办学方向，小到水电桌椅，总结汇报甚多，杂务琐事不少。作为校长如何在这千头万绪中有条不紊地开展工作而又富有成效呢？领导者必须统观全局，把握中心。只有全局在胸，才能够从全局出发，正确处理好全局与局部的关系、本校与整个系统的关系。但这并不是说，作为校长要事无巨细，一揽子全包，成天忙于事务。在小学有许多校长都是从语文、数学教学岗位上提拔上来的，许多校长认为那是自己的专业，即便从事行政工作后，也还是在百忙之中兼上一门课程，严谨地认为，不能把自己的专业丢了。有的则是出于一片好意，为学校排忧解难，当有老师请产假、病假、事假时，不请代课老师，自己主动顶上，赢得老师不少赞叹。殊不知个人精力是有限的，哪怕你责任心再强，必定影响其质量。领导应把主要精力放在计划决策、组织协调、指导激励、考核管理等方面。把事情按轻重缓急安排好。可以分配给老师们做的，就分配下去；可以暂时缓一缓的，就放一下；必须完成的，集中精力、调动人力、出动财力先把它做好。从千头万绪中理出主线，把中心任务提到议程上，避免"眉毛胡子一把抓"或者"抓了芝麻，丢了西瓜"。对待学校局部工作要钻得进去，又要跳得出来。校长不仅应该是个出色的实干家，更应该是个精干的指挥家。

三、掌握宽与严

校长的领导权有两种重要功能，一是带领集体完成任务、达成目标，二是使集体保持良好的工作状态。在管理过程中，只有恰当地处理"宽"与"严"的关系，才能事半功倍。学校的规章制度、岗位职责、行为规范为全体老师创设了一个"严"的情景，从而对全体老师产生一种约束力，使每个人不断产生自我约束、自我控制、自我调整的内驱力，使人们的行为偏差得到纠正。一所学校必须做到办学有目标、教学有计划、行为有规范、考核有标准、管理有制度、时间有约束、空间有范围。这样学校工作才能有力、有利、有理，各项教育活动才有可依的章法。为适应学校发展与改革的需要，使学校有序有节地运行，作为校长应该把建章立制作为一件大事来抓。但是任何事物都有振动的幅度，任何既定的原则都不可能机械地适应千差万别、千变万化的复杂情况。加之，校长的工作对象是教师，他们有强烈的自尊、自信，思想敏锐，从不盲从。他们对学生有着一份责任，对自己的工作有着一份担当。如果校长细抠制度，例如，每天教室里有几盏灯没关扣一分，课间操没有按时到位扣一分，下午铃声还没响就提前下班扣一分……在这烦琐的细节中老师们失去了生机与活力，制度失去了机动性与灵活性。作为校长要审时度势，灵活掌握宽与严的尺度，给老师们一个尽情释放能量、展示才华的工作环境。

四、把握褒与贬

在西方流行"胡萝卜加大棒"政策，在学校的管理中也应褒贬结合。对有成绩的教师应当给予适当的奖励，可以是口头的一句表扬，也可以是绩效奖励、荣誉证书。这样可以使受奖励的老师看到自己的努力与成绩受到上级和社会的肯定，从而进一步促使他努力做好工作。同时能使周围的人得到鞭策和鼓励，使他们能学有榜样，使学校形成比、学、赶、帮、超的良好氛围。同样，对于不良行为，对于一切不利于工作的行为则要酌情给予惩处，以便大家从中吸取教训，不掉以轻心，使周围的人引以为戒。当然，面对教师队伍这一复杂的群体尤其要注意批评的艺术。必须在弄清事实的前提下，适时适地、因人而异地出示"黄牌"。切不可为解自己一时之气，翻人老账，伤人自尊。对于直率的老师可以开诚布公地直言；对于爱面子的老师可以轻描淡写地点化；老教师可以推心置腹地登门开导；年轻教师可以请到家里促膝谈心。校长必须明确表扬的目的是要老师扬长避短，批评的目的是"治病救人"。不能为表扬而表扬，为批评而批评。表扬的同时要提醒老师戒骄戒躁，批评的同时要肯定老师的成绩。只要及时而正确地运用强化手段，就能使之成为一种有效的激励方法，使大家保持高度积极的状态。

领导艺术是领导活动的外围软组织，是决定领导事业成败的关键因素之一。身为我国教育事业最基层的领导者，应在实践中不断摸索，有效地提升自身的领导力，让老师们在团结、紧张、严肃、活泼的良好氛围中开心工作、快乐相处！

教师工作热情的激活

现代管理的人本原理指出："人是管理活动的主体，人的积极性和创造性的充分发挥是现代管理活动成功的保证。一切管理工作应以调动人的积极性，做好人的工作为根本。"作为校长，应运用现代心理学和行为科学的基本原理与方法，激励教师的行为，充分调动其工作的积极性和创造性，增强学校管理工作的活力。

一、广开渠道，开源节流

资金是管理的手段。从根本上说，资金是一切管理活动的先决条件和前提。没有必要的资金，管理活动就无法进行。缺乏必要的资金，管理目标也难以实现。学校硬件设施的投入，教师待遇的提高都依赖于资金的存在。作为校长要与社会广泛接触，特别是在当今市场经济的条件下，更不能"关门办学"。校长要增强自己的开放意识，增强社会交往能力，要成为教育家、企业家、外交家。

在聚财方面，校长要广开渠道，充分发挥社会资金效益。可以聘请企业家等社会人士担任学校的名誉校长，为学校设立奖励基金；可以召开挂靠单位领导的捐助会，为学校提供赞助；可以召集家长委员会成员商议，让家长自愿提供有益的援助。这样不仅为学校减少压力，还可为政府减轻负担。

在用财方面要厉行节约，把有限的资金用到最需要的地方。既要根据需要，又要考虑财力的可能，妥善安排；既要保证重点，又要照顾一般，分清主次、缓急，使资金按一定比例合理分配，使教师的福利在保证教学投入的前提下逐步提高。

二、优质多得，拉开档次

小学教师的工资是按一定职级由财政直接拨款的。往往影响教师工作情绪的是学校自行设定的绩效工资与奖金。美国心理学家亚当斯认为："职工的工作态度和积极性不仅受其绝对报酬的影响，而且还受其所得的相对报酬的影响。"在工作中，有的教师投入了大量的精力、时间，为学校赢得了不少荣誉，可受到的待遇、报酬、赞赏却不比一般的老师多，他们就会产生不公平感。这种不满轻则影响本人的工作情绪，造成不稳心理，重则传染到别人，消磨大家进取的斗志，引起上下同事之间的许多矛盾。

处在当今经济飞速发展的时期，教师处于"温饱型"阶层。物质刺激始终是一个有效的激励手段。学校在设立绩效工资时应实行"多劳多得，优质多得"的策略，拉开奖金档次。把每一项工作任务与获奖级别制定出表格，标明金额。让每一个老师能一目了然地算出自己与他人的所得，使拿奖金多者心安理得，拿得少者心平气和。

三、竞争上岗，感触危机

常听到有的老师说："现在工作没劲！"市场经济的趋利性使教师认为自己的工作劳心劳力，与每月的收入极不相称。权没权，钱没钱。唯一能使自己心理达到平衡的就是捞点"闲"。在教育工作中不是自我加压，而是满足于应付交差。能推则推，能拖则拖，不求有功，但求无过。每天老老实实上好40分钟的课，什么公开课、竞赛课、论文评优，均不沾边。

作为一个聪明的校长，在这种不太理想的大环境中，要利用现在"机构改革，干部分流"的契机，在学校实行聘任制。设定岗位，进行双向选择，竞争上岗，给老师们提供一个竞争的环境。借助这种竞争，不断给老师以压力、动力。鞭策所有的教师珍惜自己现有的工作岗位，让全体老师在思想上真切地感受到一种压力与危机，让那些得过且过的老师真正懂得"今天不努力工作，明天就要努力找工作"。

四、重视荣誉，提供舞台

马斯洛认为："人的基本需要可归纳为生理、安全、交往、尊重、自我实现五类。它们由低到高逐级形成和发展。"在初步实现"仓廪实，衣食足"的今天，教师作为社会的示范性群体之一，更重视对精神生活的追求。校长要善于把握教职工对荣誉的追求特点，并有意引导老师形成成就动机的高级心理要求，让荣誉激励成为激活教职工工作热情的有效手段。

校长在用人上要任人唯贤。大胆起用德才兼备的青年教师，应用其所长，将他们放到最能发挥作用的岗位上去一展其才。对于有经验的中老年教师，要利用"传、帮、带"的方式，让他们带徒弟，开展"一帮一，一对红"系列活动。在学校设立一系列荣誉称号，在评先评优中坚持科学性、严肃性。既不降低标准，也不能为了寻求平衡，搞照顾，轮流当先进。用人的不公是最大的不公，人才的浪费是最大的浪费。校长要重视每一位教师，让其感受到自身的荣耀。为老师们创造一个想拼搏能拼搏的环境与空间，让全体教师从思想到行动都能时时感到有劲头，有自己存在的价值。

五、提高认识，民主管理

当今世界千变万化，纷繁复杂，对教育产生这样那样的正负效应。这就对学校提出了更高的要求。校长要做出科学可行的决策，实施科学有效的教育行为，单靠个人的才智是不行的。校长在目标制定过程中是从全局出发的，不可能考虑到每个细节。只有充分发扬民主，依靠集体智慧，集思广益，取长补短，才能做出科学决策。让教职工提出自己的建议，倾诉自己的不满，让职工参与管理，了解管理状况，能加深职工对组织与工作环境的认识，减少或消除与校长之间的分歧，实现对学校领导班子的有效监督。从而最大限度地避免和纠正不公平、不切实际的做法，创造公平、民主的组织气氛，使大家始终保持高涨的工作热情。

由于领导本身的缺点以及管理制度的局限，加之每位教师自身感知的倾向、思想品德以及传统的观念的差异，会产生"看人挑担轻松"的认知偏向。校长必须对教师进行思想教育工作，把提高他们的认知放在重要地位。教育大家用换角度、换位置的方式来看问题，引导教师进行全面、客观的分析比较，纠正偏激的认知。在实际工作中，校长也应该尽可能公正无私地对待每一位教职工。

新世纪的基础教育以提高国民素质为宗旨。要突出培养学生的创新精神和实践能力、终身学习的愿望和能力，以及对社会和自然的责任感，为培养德智体美劳全面发展的社会主义事业建设者和接班人奠定基础。作为一名小学校长，要认清自己身上的重任，创造性地激发教师的工作热情。

参与管理让教师生命添色

美国著名的行为科学家麦格雷戈曾说："人有自我实现的需要，人的才能和潜力充分地发挥出来，人才能感受到最大的满足。参与管理既对个人产生激励，又为组织目标的实现提供了保证。"在学校的发展之路上，我们把发言权交给老师们，鼓励教师把创造力投向学校的目标，学校也不时地为老师实现自我提供机会。

一、建阅读分享之维

教育的路是漫长的，但不应该是孤独、烦闷的，如果说年轻时的投入是一份激情，那么几年、十几年、几十年仍能保持这份激情就是一种心境。看庭前花开花落，望空中云卷云舒，有了这份宁静才能收获一种脚踏实地的平实！才能真正做教育！我们开展"走进绘本，心灵有约"系列活动，用书籍来平和教育心境。

在"我心向阳"读书营开营仪式上，青年团员老师带来了绘本剧《走在路上》。让我们记住——你有愿望，你上路了！我们在主持人的领誓下，郑重承诺：把阳光沏进咖啡里，把自己浸入书香中，从书中萌生善良与纯真；衍生内敛与热情；锤炼坚定与豁达；增添睿智与宽容；思接千载，视通万里，尽享幸福！

至此，每个月的第二个星期一的例会时间，我们都会静心阅读。行政组带来的"音乐滋养心灵，书香浸润校园"犹在耳畔；综合组主持的"草长莺飞，青春万岁"主题阅读还意犹未尽，我们又迎来了一年级组的阅读专题"茶亦生香何须酒，有奇书读胜看花"……在阅读的路上，我们留下一串串坚实的足迹，留下一个个精彩的瞬间，留下了一幅幅温暖的画。是的，我们期待"绘本"能将我们带上阅读之路，期待"阅读"能丰盈我们的人生，抚育我们的心灵；期待"阅读"能提升我们的素养，让生命成为绿洲一片；更期待"阅读"能成为一所学校，一个社区，一座城市，甚至是一个民族的呼吸。

我们深信，学校有了书香，才能成为人的精神家园；教师添了书卷气，人的生命才涂抹了底色。与书为友，少了一份喧嚣，少了一份浮躁，老师们收获的不仅仅是知识，更是一颗宁静的、充实的、幸福的心。通过经典绘本阅读，教师走进绘本，用心感悟，怀着乐观和积极的心态，去辐射他人，温暖他人，用积极的态度、方式和途径去拓展、充实和完善教育人生。教师们从书中汲取丰厚的人文情怀。善良、丰富、高贵，这些曾被看得比生命还重要的品质，随着阅读而来，更深深扎下了根。

二、养翰墨书香之气

孔子有云："文质彬彬，然后君子。"学书法，不仅仅是学一项技能，更要去体会其中儒雅、清和、"不激不厉、风规自远"的书卷气。长期浸润于翰墨书香中的人，随着时间的沉淀，会不自然地流露出一种文质彬彬的文人气息。

我们清楚地知道，一所学校的书法气息是从每一位老师、每一位学生的身上散发出来的。这并非只是一两个专业老师的事。我们期待培养出具备沉静文雅之精神气质的学生与老师。我们将"识礼仪、通国学、习技法、传文化"这12个字作为书法教育的四个目标。

我们的书法之路就是从璞玉堂书法工作室开始的。这间房子根据不同用途划分为案牍坊、寒暑斋、中和院三个区域。案牍坊主要是教师的办公、备课场所。寒暑斋意为勉励教师学习书法要"冬练三九、夏练三伏"，坚持不懈，方有成就，这里是全体教师平时练习与创作书法的场所，文房四宝一应俱全，各代书法家的字帖琳琅满目。每当工作之余，总会有老师来这里潜心练习书法，学习气氛非常浓厚。老师们在学习书法过程中既学习了知识，也收获了宁静与休闲。中和院意为勉励教师在学习交流过程中融化中和各种意见，包容并蓄，不激不厉。这里是教师交流探讨的主要场所，小屋幽静，常使人久坐，墨香萦绕，偶尔有蝶鸟飞来，一碗清茶、半卷残纸，便是一方宁静的世界。

"璞玉大讲堂"在老师们的期待中正式开堂讲学。周一教师例会，学校的书法专业老师十分钟讲学，幽默风趣的讲评书风格深受老师们的喜爱，大家在轻松愉悦的氛围中走近一个个历史上著名的书法家，潜移默化中成为书法的内行。

典雅美观的璞玉堂书法展厅与书法长廊是供教师、学生学习与展示自己书法成果的重要场所。我们定期为大家展示一些书法名家与教师的书法佳作，供老师与学生学习。老师们自己的大作是可以随时更换的。大家在这里交流学习心得，分享学习体会。不定期地展示，"以字论人"，评价每一幅作品，让大家看到自己在书法道路上的成长足迹。老师们在长期的训练中，逐渐感受到了书法的魅力，沉浸其中，流连忘返，涌现出了一批书法水平迅速成长的教师。更重要的是，内心深处"净"了。

三、享舒适和谐之境

常下到办公室与老师交流是学校管理层的日常工作。一次，我们发现有几个老师的办公桌清新整洁，让人神清气爽。是啊，办公室是每天工作开始的地方，也是疲惫回归的港湾，于是我们将镜头对准老师们的办公室。深秋暖阳里，伴随着教师们一串串的惊讶赞叹和欢声笑语，"幸福生活从这里出发"办公室文化建设评比活动拉开了序幕。

各个办公室经过老师们为期一周的装饰，此刻终于敞开大门，揭开了她们神秘的面纱，以崭新的姿态迎接全校老师的参观评比。教师们以"整洁、实用、美观、高雅"为目标，以体现"温馨、和谐、学习"为原则，团结合作，幸福奉献，充分发挥自己的聪明才智与创新意识，建设出了富有自身特色的办公室文化。走进一间间办公室，我们看到的是满眼的温馨画面，仿佛走进了一个个如幻似梦的世界。这里的藤蔓在墙上游走，花草正释放着芳香，壁上的字画彰显着典雅，角落里的书柜散透着缕缕翰墨书香。办公桌上，君子兰、富贵竹、仙人掌清新秀丽，独具个性的相框记录着老师们美丽的瞬间，一条条美丽的金鱼在五色石中娴静嬉戏。一句句教育感言，浓缩了老师们对工作的热情，一个个精彩的创意，诉说着老师们对这个"家"的爱。置身其中，静下心来，耳畔会传来美妙的萨克斯乐曲《回家》，柔和的彩灯衬托着一张张灿烂的笑脸，一切都是那么幸福温馨。我们期待老师们在赏心悦目的办公环境中开始每天的工作！当追求唯美成为一种习惯，一切就都会来得那么自然。

后来，我们的班级文化、长廊文化、功能室文化都让全体师生沉浸其中、享受其中。一面面文化墙笑脸绽放，校园有了色彩，融入了童真，温馨如家。

四、创身心愉悦之吧

晨曦初微至夕阳西下，一天当中，我们有近十个小时是在学校里度过的。大家都说"工作即生活"，如何帮助老师们放松心情、释放压力、锻炼身体、提升素养呢？我们了解和收集了老师们的兴趣爱好，根据学校现有团队和家长资源优势，成立了七个教师"来吧"小俱乐部。有来种吧（开心农场）、来喝吧（茶道）、来赏吧（插花艺术）、来弹吧（古筝）、来跳吧（瑜伽）、来打吧（羽毛球）、来吃吧（做美食）。七个"来吧"如同校园里七个快乐的音符，动静并存，张弛有度，丰富着老师们的教育生活。

每周二下午下班后，爱好运动的老师会参加"来打吧"活动，学校专业篮球馆中间画了两片羽毛球场地，吧主就是教练，打球前会有步伐和动作的专项训练。

每周三的茶道，修身养性，或品茶，或感悟人生！家长义工会将专业的培训和茶道文化传播巧妙地结合，总能营造轻松而高雅的氛围。

专业的古筝老师是家长志愿者，每周三学生社团活动后为爱好音乐的老师教学，还免费赞助了十几台古筝，学校建立了古筝教室。

练瑜伽让老师们放松身心，专业瑜伽教练也是家长志愿者，每周五中午1点到2点在学校形体室教学，学校为此配置了专业瑜伽垫。

每周五下午5点后，食堂香味飘飘，家长义工会教老师们做各种西点和美食。

全校师生开展的"爱绿护绿建绿天使行动"，创办了"开心农场"，工会为每个办公室划分一块绿地作为种植区，办长为小农场主，组内教师人人动手翻土、挖坑、施肥，在开心农场，老师们收获的不仅仅是瓜果，更是一份绿色的田园生活方式。

教师"来吧"系列活动，为我们打开静谧之门提供了一把金钥匙，为我们眺望精神家园打开了一扇窗户。读绘本、修花道茶道，让老师通国学，习礼仪；做美食，种瓜果，让老师感受生命的快乐；打羽毛球、弹古筝，让老师们灵敏、聪慧，锻炼身体和思维；练瑜伽让老师修炼身心，发挥潜能，达到身体、心灵和谐统一。我们关注的是教师综合素养的习得提升，快乐心态的沁润调养，豁达胸怀的历练形成。小小的俱乐部，体现的是教师的身心对话，先做一个阳光健康的人，再做一位积极向上的教育人。我一直相信：一个团队能思想空灵、心气平和，就能收获一种脚踏实地的平实，才能真正做教育！

参与管理让老师体验到自己的喜怒哀乐与学校的一切密切相关，参与管理让老师感受到自己是学校大家庭中不可或缺的一员。我们一起策划，一起经历，一起回味……责任感、成就感、满足感油然而生！

校长在开学典礼上的讲话

视窗一：乘着快乐出发

岁月更迭，华章日新，欢迎孩子们又回到美丽的校园。尤其是我们又迎来了一批一年级的小学生啦！掌声送给自己，也送给所有的新老师、新同学！

掌声中有欣喜，掌声中更有期待。期待我们每个人的快乐出发！

快乐的第一要义就是要养成良好的习惯。我们每个人的心田都是一块神奇的土地，播种什么就会收获什么。行为养成习惯，习惯造就性格，性格决定命运。培根也曾说过，习惯是一种顽强而巨大的力量，它可以主宰人的一生。那就从今天开始，遵守每日十项常规，必须做到什么时间做什么事。

快乐的第一法宝就是关注每一个细节。所谓细节决定成败。学习上，静下心来，从点滴细节做起。写字不多一笔，不少一画；背诵不添一字，不少一句；计算不这里少一步，那里多一位。从落实知识点的细节开始，夯实基础；从上课不讲小话，作业认真完成这些最简单的事开始，坚持每一天。

快乐的第一特质就是与书为伍。让读书成为我们的生活方式，那将是作为学生最大的收获。晨间诵读，午间阅读，晚间静读，从字里行间，我们能望见日落日出。八万里光风霁月，五千年岁月流转，从书中体味爱，见证友谊，感受忠诚，从此，我们的内心世界开始丰盈，我们的人生境界得以升华。

孩子们，老师们，让我们从今天开始养成习惯，关注细节，与书为友，乘着快乐迈出新征程坚实的第一步。

视窗二：我的幸福我做主

亲爱的同学们：

大家好，欢迎大家重返美丽的校园。在新的学期里，老师希望你们能够健康、快乐地成长！在新的一学年里变得更懂事、更可爱！

开学啦，老师真高兴在你们成长的路上继续陪在你们左右，和你们共同学习、共同进步。

幸福的日子人人向往，老师期望你们每一个孩子都能收获更多的幸福。那么，怎么才能让自己成为一个幸福的小学生呢？

首先，请你做到，相信自己！李白说："天生我材必有用。"请你相信，你在这个世界上是独一无二的，你有你的特长，你有能力成为一个对社会、对他人有用的人。所以当你面对学习上的任何困难时，请先不要害怕、退缩，给自己一个挑战的机会，让自己去尝试，去为之努力！快乐来自相信自己，超越自己！

第二，请你做到，对自己负责！作为一个小学生，我们有自己的行为规范，我们有自己的道德要求，请你以此为标准要求自己。让"讲文明、讲卫生、守纪律、尊长辈"成为你的生活习惯，让按时完成学习任务成为你的学习习惯，当你发现你做到了"对自己负责"这五个字的时候，你一定会感受到格外轻松！

第三，请你做到，与人合作！在班级中，在校园里，我们有很多同伴。不论是背书、做值日，还是课堂学习、课外活动，我们都需要学会与人合作，与人相处。假若你能在与人相处时做到将心比心，通情达理，就一定会在合作的过程中收获知识，提高能力，感受到共同学习的快乐！

另外，告诉大家一个能让自己幸福的小秘诀，那就是，常给自己制定一个个小目标，让自己做自己的老师，对自己的学习、生活做出及时的评价。比如，在做作业之前，先定个目标：这次作业我要拿满分！我相信，对自己负责的你一定会为此努力，认真地去完成作业；我也相信，你的付出一定会帮你达成这个小小的目标！所以，建议大家，从今天开始，学会给自己制定小目标，你会发现成功离你很近，幸福就萦绕在你身边！

当然，我还要强调的是，幸福是辛勤汗水耕耘的甜美结果，幸福离不开你的勤奋。祝愿所有同学在本学年里能用心地把自己打造成一个幸福感满满的小学生，让我们的班级充满快乐因子，让我们的校园洋溢和谐氛围，让我们在欢声笑语中不断成长！

同学们，当你们告别了愉快的寒假，重回美丽的校园，当你们手捧崭新的课本，再一次坐进宽敞明亮的教室时，你们的心中是否也充满了希望，有一股新的冲动，一个新的目标在你心中涌起？面对新的征程，同学们，你们是否准备好了呢？

牵着长辈的手，牵着老师的手，牵着小伙伴的手，让我们一起努力奋发！

视窗三：把一切美好融入新的征程

尊敬的各位老师、各位家长，亲爱的同学们：

大家上午好！

一元复始，万象更新！满载着收获的喜悦，满怀着奋进的豪情，我们踏入了充满希望的2023年。栉风沐雨谋发展，团结奋斗谱华章。2023年，我希望大家把一切美好融入新的征程，将四个关键词牢记于心：

参与劳动。人们创造历史，劳动开创未来。人世间的一切幸福都需要靠辛勤的劳动来创造。学校构建了家政参与、午餐协作、田间劳作、手工制作、职业体验、社区服务六条路径来实施劳动教育，希望同学们积极参与其中，树立正确的劳动观念，习得高超的劳动技能，养成良好的劳动习惯。

热爱阅读。莎士比亚曾说："生活里没有书，就好比大地没有阳光；智慧里没有书，就好比鸟儿没有翅膀。"爱上阅读是老师们一直在帮助大家做的一件事情，希望同学们珍惜每天十分钟的晨间诵读时光。

坚持每天三十分钟的静心阅读，让我们的阅读存折记录满满。在阅读中，润泽我们的语言，愉悦我们的心境，活跃我们的思维，陶冶我们的情操。阅读中的我们一定心旷神怡。

分享快乐。我们每个人都不可能独立存在，我们都是人群中的一员，那就让我们将自己的快乐分享给身边的人。愿分享是一种胸怀的展现，会分享是一种能力的体现。让我们从分享快乐开始，将笑脸留给我们的亲人，将笑声带给我们的同学，让我们的世界溢满幸福。

关注安全。生命属于我们每个人只有一次。珍爱生命是我们所有人对爱我们的人最好的承诺。我们一定要加强安全意识，远离意外伤害；我们一定要掌握日常的安全技能，学会自我保护。身心健康第一，让我们时刻记住：珍爱生命，从我做起！

回眸过去，我们欢欣鼓舞，展望未来，我们豪情满怀。让我们把美好的祝福融入新年的钟声里，让我们把吉祥的祝福融进迎春的雷声中。新的一年，我们在一起闪耀自己，辉映他人，点亮星空！

校长在毕业典礼上的讲话

视窗一：勇敢

亲爱的孩子们、家长们、老师们：

大家上午好！今天是一个值得铭记的日子，因为今天我们芙蓉实验小学第一届毕业生即将为自己小学阶段的生活画上一个完美的句号！孩子们将整装待发开启新的征程！

让我们以真诚之心感恩我们的父母，感谢他们的悉心陪伴，清晨的一份叮咛嘱托，回家的一声嘘寒问暖；感恩我们的老师，感谢他们的倾心付出，进步时的一个点赞，犯错时的一声嗔怪；感恩我们的校园，无论调皮捣蛋，无论任性孤傲，我们都一一揽你入怀。因为你们是我们的学生，是我们的孩子，愿你成长，愿你开怀！

今天请允许我再次以"成长"之名送大家两个字——勇敢！亚里士多德将勇敢界定为人性最重要的美德之一。勇敢，不是无知无畏去斗狠；勇敢，也不是无惧无恐去逞强。

勇敢就是正视现实。"天不变其常，地不易其则。"我们都是浩瀚宇宙中的一粒尘埃，在人生的许多路口，我们都会面临选择，而有些事是我们无法去改变的，当一些是喜是忧的点滴进入我们的生活，我们不要去抱怨，更不要去幻想，正视它，没有什么大不了！海伦·凯勒终身行走在黑暗中，但她的文字明亮温暖；寒门学子没有衣食无忧的生活，但仍然心中有阳光。同学们，我知道这一次升初中志愿填报有的同学没有达成所愿，但重要的不是颓废在录取结果里，而是正视这一现实，让自己成为这所中学的骄傲，成为我们芙蓉实小的骄傲！

勇敢就是面对挫折。生活在这个世界上就像天气一样，有阳光就必定有乌云，有晴天就一定有雨天。我们将来的路不会一帆风顺，可能自己合理的要求不能得到满足；可能十分努力，仍旧看不到学业的提升；可能一次次考试都徘徊在及格线的边缘……孩子们，当你遇到以上种种，请不要害怕，面对它，从中吸取经验教训，重新再来！请相信从乌云中解脱出来的阳光会更灿烂，经历过风雨的天空，绽放的彩虹会更美丽！

勇敢就是超越自我。我们的成长之路就如同在攀爬一座高山，也许当时当下，有许多人在你的前面，有的甚至在俯瞰你，但只要你不放弃，坚持往上攀登，就可以欣赏到许多美丽的风景。这一路，可能爬着爬着就累了，擦擦汗，继续！这一路，可能攀着攀着，缺氧了，调整调整呼吸，继续！发挥自己最大的能力，挖掘自己最大的潜能，每天进步一点点，就一定是成功的开始！奋斗过的你一定可以"一览众山小"！

孩子们，也许我们永远成不了刘翔，但我们一定要享受奔跑的快乐！母校永远是你们可以歇息的港湾，母校永远是你们可以依偎的怀抱！孩子们，勇敢面对一切，勇敢接受挑战，勇敢超越自我！

视窗二：静静地在校园里生长

尊敬的老师、亲爱的同学们：

大家上午好！

迎着早晨第一缕暖暖的阳光，和着初夏淡淡的气息，我们迈着轻盈的步伐步入了精美的校园。首先让我代表全体师生，为我们六年级的孩子们送上最真诚的祝福，祝愿大家在新的校园里健康、快乐、优秀！

作为校长，今天我要送给大家四个字：净、敬、竞、静。

净。对，干净的净，纯净的净。净能生美，爱美之心，从干净开始，自己清爽干净，教室窗明几净，校园整洁有序，人的心情也会变得轻松愉快。希望大家从日常生活做起，从细微小事入手，从珍惜劳动成果着眼，做一个仪表大方、举止优雅、语言文明、心灵纯净的人。

敬。敬是一种意识，自律地遵守所有的规则；敬是一种自信，相信自己一定能行；敬是一种礼貌，友善地对待他人；敬更是一种善良，爱护大自然的每一个生命，小花、小草、小动物都是生命的精彩存在。

竞。论语中有一句话叫"见贤思齐焉，见不贤而内自省也"，古人就是在告诉我们，要有学习精神，见到贤能的人就要努力向他看齐，以他为榜样，不断地鞭策自己，让自己进步；而见到没有德行的人，就要以他为镜子，反省自身的缺点，不能跟着学坏。以一种向上的状态，全力以赴地做任何事情，在尽了最大努力之后，不管结果如何，不仅要做一个继续努力的赢家，也要学会做一个毫不气馁的输家。

静。《说文·青部》中记载："静，审也。"原始意义就是明审，也就是要我们有着清晰的思路，用明察秋毫的目光去审视自己。其次才是安静、宁静的意思。那就让我们在即将开启的新的中学生活里，有序地生活、安静地读书、静心地思考，让我们心绪平和，内视自身，成长为聪慧通达的人。

净是一种习惯，有内化于心的自觉！

敬是一种境界，敬畏所有值得我们尊敬的人与事！

竞是一种状态，一切的努力只为成为最好的自己！

静是一种素养，由内而外散发的平和的气息！

老师们，同学们，在我们的生命中，每一年，每一学期，每一月，每一周，每一天，都是唯一的。让我们用自己每一个精彩来打扮生命中这些"唯一"，在校园里静静地生长！

视窗三：红领巾在胸，责任在肩

亲爱的孩子们：

时间过得真快，转眼已是你们在母校的最后一天了。昨天，你们第一次背上书包，一脸幼稚地跨进学校大门的情境还历历在目；今天，你们将以崭新的风貌进入初中阶段的学习。还记得，当年，你们对入队的渴望，我们深深理解，因为三十几年前我们也曾拥有这种翘首以待的期盼；还记得，一路走来，你们对红领巾的热爱，我们为之感动，因为我们也曾执着地坚持着这一份信念。孩子，我不想再和你说，红领巾是多么珍贵。我相信，老师们肯定不止一次告诉你们那是烈士的鲜血染红的。我也不想再和你说，当一个少先队员是多么自豪。我相信，老师们肯定教会了你们敬队礼，你们也肯定知道了"人民的利益高于一切"这个崇高的含义。我只想说，当鲜艳的红领巾飘扬胸前，有一份责任会担在你们的肩上。从现在起，你们不再是幼稚懵懂的孩子了，你们已经长成少年。这是人生中最重要的一个起点，在这个起点上，老师给你四句话，作为一生的箴言：

对人要心存感激。你的成长，会和很多人的付出相系相关。父母给了你宝贵的生命；老师领你走进知识的大门；朋友给了你友谊的甜蜜；还有许多陌生人，给你一瞬间的帮助关心……这些你们都要从心底感激，用你们纯洁的心永远铭记。等到有一天，有人需要你时，伸出你的手，将这种人间温暖传承继续。

对物要爱惜。你们很幸福，生长在一个物质极大丰富的时代。物质丰富会给人带来很欢愉的心情。但是，我们真心希望你们学会珍惜。每一滴水，每一粒粮，每一件学习用具，甚至每一片小纸……都蕴藏着汗水与创造。随随便便丢弃，是对劳动的蔑视，更是对你自己的不尊重。

对自己要约束。人的成长是分阶段的，每个阶段都有它的意义与价值。从现在开始，在学校里学会遵守纪律，将来到社会上遵纪守法是做人最低的标准了，还要遵循社会道德，尊重民族信仰，才能成为一个健全的人。步入初中，我们的课程增至七八门。上课认真听，作业认真做，不懂的地方及时弄明白，为自己设定一个目标，今天比昨天更好，这一次比上一次有进步。每天往上攀爬一点点就是成功的开始！

对事情要有责任。你们现在已经是少年了，不久的将来，会成长为风华正茂的青年，会成长为中流砥柱的中年……大到国家、社会以及人类的事业，小到父母、家庭，都需要你们坚实的臂膀去担负起属于你们的责任，所以希望你们从现在开始就明白，任何一件事都不能随随便便地放弃，用一分坚毅，二分执着，三分汗水去坚持，去努力，任何阴霾都会消散，变成晴空万里。

这四句话，作为给你们的鼓励，作为中国少年先锋队队员，你们不负使命！不久后，优秀的你们还将有机会成为一名中国共青团团员，这是比少先队员更值得我们骄傲的称呼。我们相信三年后、六年后，同学们一定会以优异的成绩来证明自己的实力。我们也相信一路成长，你们一定不会辜负学校、老师、父母对你们的期望，预祝大家一切都好。

校长在启动仪式上的讲话

视窗一：这个冬天，因你而暖

——"礼仪常规评比"活动启动仪式讲话

敬爱的老师们，亲爱的同学们：

早上好！

时间一晃就过去了，我们相约夏天，走过秋天，如今已步入了冬天。清辉拂面，日冷月寒。冬天，圣洁而美丽，一切都是那么宁静、和谐、自然。

同学们，老师们，我清楚地记得，那是一个阳光明媚的早晨，我们在绿茵场上举行了本学期的第一次升旗仪式。飘扬的彩旗诉说着无穷的喜悦，灿烂的笑靥洋溢着无尽的幸福！那天，我们一起走进的是新校园！新环境！新学校！我们一起使用的是新教室！新桌椅！新设备！我们看见的是如此多新老师！新同学！新朋友！更让我们欣喜不已的是，那天，从那天开始我们都有一个共同的名字——我们是"实小"人！

十周过去了，窗明几净中我们体会着温馨！宽敞明亮中我们感受着快乐！备受关注中我们享受着自豪！一切都是新的！一切都是令人欣喜的！

可每天，在每天的校园里，我看见了一些与我们这美丽的校园极不和谐的行为。我看见楼道上躺满了废纸，我看见操场上扔满了空瓶，我看见有人在校园内追逐打闹，有人走路推推搡搡，甚至在队列中甩手摇头，在交流中脏话连篇！同学们，这种种现象、这种种行为和我们的校园和谐吗？和我们"实小"的形象相称吗？

新校园，我们是不是应该有新面貌？新校园，我们是不是应该有新形象？让我们从今天开始，从现在开始，用我们的实际行动证明我们是骄傲的"实小"人。我宣布，我校正式启动芙蓉区实验小学礼仪常规评比活动！

孔子说"不学礼，无以立"。礼仪是一种律己的行为，是一种敬人的表现；礼仪更是一个人乃至一个学校一个民族素质的体现。我们创造了校园文明，也会成为校园文明的受益者。我相信，通过我们共同的努力，用礼仪沟通心灵，让文明变成行为，我们实验小学一定能成为和谐校园、礼仪校园。

从本周开始，我们全体师生一起努力践行"守秩序、讲卫生、护环境、有礼貌、重信用、献爱心"的文明礼仪。从晨读到静校，从就餐等候到放学路队，从课堂常规到课间游戏，从升旗仪式到两操集会，从校内到校外，在每个课堂和每项活动中规范我们的行为，培养我们的礼仪。在接下来的十周时间里，我们落实一项，展示一项。本周重点进行晨读、课间文明、卫生三项单项评比。在每周的升旗仪式上我们将进行隆重的表彰颁奖仪式。单项奖中的优胜者将颁发红星班级的荣誉奖牌。

敬爱的老师们，亲爱的同学们，让我们从这个冬日出发，用我们的关注与用心抹去那些不文明的痕迹，留下美好萦绕在校园，成为我们记忆中最香甜的梦！文明驱散寒凉，心，便在这冬日里开出一束束绚丽的花。

这个冬天，因琅琅的读书声而清新！

这个冬天，因你文雅的举手投足而惊艳！

这个冬天，因你而暖！

视窗二：以经典致敬祖国
——庆祝六一儿童节主题活动讲话

尊敬的各位领导，各位来宾，老师们，家长们，还有我们可爱的孩子们：

大家晚上好！

今天是一个快乐的日子。我们迎来了自己的节日——六一国际儿童节，今天，在我们实验小学的校园里，将会有355名孩子光荣地加入中国少年先锋队，成为一名少先队员。队旗正载着心愿翩翩起舞。

今天是一个开怀的日子。一步一个脚印，我们的学校，建校一周年了！在思考与探索中，我们凝聚团队力量，描绘美好未来，鲜花正伴着希望四处飘香。

今天还是一个欣喜的日子。1949至2019，我们的祖国也即将迎来70岁生日，一首首经典的曲目，印证着祖国的变化，也浸润着一代又一代人的健康成长。歌声正迎着笑靥穿越时空。

过去的一年里，区委、区政府各级领导高度关注，多次现场调研办公。街道、社区、派出所等各部门通力配合，为我校的扬帆起航全力以赴。总投资8000多万元，为我们建成了一所拥有48间标准教室，32间功能室，篮球馆、击剑馆、绘本馆一应俱全的高标准、高规格、高品质的现代化学校。

过去的一年里，我们的家长紧跟学校的步伐，无条件地相信学校的每一个决定，每一次倡议。活动中有你们为孩子们加油的声音，马路上有你们为孩子们护岗的身影。有一句话就是我们前行的动力，那就是——唯有信任，不可辜负。

更让我们倍感欣慰的是，我们这支由四面八方会聚到一起的精英团队，在短短的时间里就带着各自的光环与品质，汇集成我们实小的团队精神：闪耀自己，辉映他人，点亮星空。

当然，"实小"的精彩，还少不了我们可爱的孩子们。清晨，校园里就回荡着你们琅琅的书声。课堂上的争先恐后，跑道上的跃跃欲试，活动中的摩拳擦掌，见面时的彬彬有礼，画笔中的栩栩如生，舞台上的落落大方，文章里的熠熠生辉……看着你们褪去稚嫩，有了善解人意，有了自信坚强，有了乐观向上。

亲爱的孩子们，愿你们的美好人生从我们"实小"开始启程！高尚的品德在这里萌生，高雅的情趣在这里孕育，高贵的气质在这里涵养，高卓的智慧在这里凝练！我更相信芙蓉实验小学，一定会给你们的人生一个坚实的起步，给你们的童年一段快乐的回忆，给你们的未来一个无限的可能！

孩子们，节日快乐，"实小"周年快乐！祖国生日快乐！

视窗三：享受奔跑的快乐

——"秋季运动会开幕式"讲话

各位裁判员、运动员，老师们、家长们、同学们：

大家上午好！

都说十月小阳春，在这阳光灿烂的日子，我们迎来了芙蓉区实验小学第一届体育达标运动会！在此，谨让我代表学校对本次运动会的召开表示热烈的祝贺！向为此次运动会筹备工作付出辛勤劳动的老师们、家长们，向积极参与本次运动会的全体裁判员、运动员致以衷心的感谢！

校运会是我校校园文化艺术节中不可或缺的一个重要章节，是广大师生展示风采、促进交流的舞台，是对我校体育工作、师生精神风貌的一次检阅，也是对学生身体素质、竞技水平、心理承受力等综合素质的考验，更是各参赛班级集体意识、竞争意识、顽强拼搏精神的综合体现。

老师们，同学们！国家要求中小学开展阳光体育活动，就是要让我们牢固树立终身锻炼的体育健康理念，走进阳光，走进操场，走进自然，实现"每天锻炼一小时，健康工作五十年，幸福生活一辈子"的美好愿望，让"更高、更快、更强"的奥林匹克精神，奏响我们生命的乐章。

一年来，我校重视体育运动，形成了三维一体的体育模式。每天体育大课间运动一小时，每月健达学堂举行一次小型的体育竞技比赛，每期运动会如约而至。足球、篮球、啦啦操、乒乓球、击剑、趣味田径六大项目已初具规模。学校啦啦操连续两届为学校捧回四座冠军奖杯。在刚刚结束的湖南省趣味田径运动会上，我校运动健儿更是一鸣惊人，以总分第一的骄人成绩直接晋级全国总决赛。让我们预祝趣味田径队的运动员们再夺全国总冠军！

习近平总书记曾说过，有比夺取金牌更重要的，那就是发扬奥林匹克精神。现代奥林匹克之父顾拜旦说："重要的不是凯旋，而是奋斗；重要的不是必须获得胜利，而是奋力拼搏。"我们希望从芙蓉实验小学走出去的老师、家长、学生都具备四个一：一种意识，每天坚持体育锻炼；一项兴趣，关注体育赛事；一种水平，会欣赏每种体育竞技；一种能力，掌握一项体育技能。

体育的魅力是永恒的，它是力量的角逐，是智慧的较量，是理想的飞扬。在此，我提出以下希望：一是希望全体运动员能以高昂的斗志和顽强的精神，积极参赛，赛出风格，赛出成绩，为班级争光；二是比赛时要严守纪律，遵守规则和赛程规定，同时注意过程安全；三是希望全体裁判员老师，严格按规程操作，做到公平、公正，以我们细致的工作为运动会做好服务，维护赛场纪律，保证赛场安全。

让赛场成为师生情感互通的伊甸园，让赛场成为家校合力的能量场，让赛场成为氛围别样的另一个教室！

"行者，行也，政者，正也。"所谓行政，就是干练，正直、协作！在上级面前不诿过于下级，在下级面前不诿过于上级。任何时候都有我的责任、我的担当，我和大家一起来面对的胸襟与底气。"干练"，就是做到让上级放心。思虑在前，推进有力，自己所负责的部门工作在张弛有度中完成铺排，并能有所创新，有所突破，不仅能织好"锦"，还能在"锦上添花"。"正直"就是让下级安心。理顺工作中的轻重缓急，只要跟上你的步伐就无须多虑；只要踏上你的节奏，就不会出状况。信你的，听你的，更信服于你。"协作"就是让平级舒心。有事时出手相助，多做也无怨言；有功时相互礼让，荣誉未及身也无怨气。在相互学习中取长补短，在相互鼓励中齐头并进。

用案例引领行政成长

正如大家所公认的，行政团队的素质决定着一所学校的办学高度与深度，决定着一所学校的发展速度与质量。引领团队多年，我习惯用发生在行政身上的点滴"事件"作为案例，在日常管理中与行政们一起分析，一起分享，一起成长！

一、深入浅出，有清晰思路

局里要进行信息工作方面的考核，教研部门布置此项工作，洋洋洒洒地将整个通知严肃地在会上宣读。老师们听的听、做笔记的做笔记，不可谓不认真。可从老师们的表情中我看得出，面对如此多任务，老师们一脸茫然、一头雾水，不知从何下手，更觉得是心浮气躁。无奈也只能在规定的时间里去完成。可一周之后我发现教研主任脾气更大，因为大部分老师没有完成交代的任务，有的应付式提交的资料也不符合要求。我找来下发的通知，整个通知光一级指标就有9条，从机构到制度、从运用到推广、从管理到队伍，一共有44项二级指标。可我发现这些工作有些是行政人员完成，有些是信息管理员负责，有的需要教研组长落实。研读后我进行了理顺，面对全体教师的任务无非就是四点：1.传教学资源2个；2.写教育博客2篇；3.用教师E家达到自己授课数的30%；4.看视频资源40分钟。我将提纲挈领的任务单与行政们分享，大家感慨：长达一个小时的任务布置原来4个字就可以讲清楚——传、写、用、看。思路调整后，工作立竿见影。

其实，作为行政人员很多时候要上传下达，这就好比一位优秀的教师备课，上课之初，必须自己潜心解读文本：任务是什么、如何完成任务、难点如何突破。当你井然有序地理出思路时，老师们才能跟你轻松上阵。作为工作布置者，自己必须做到心中一本账，将烦琐的工作去枝裁叶，分层布置。而面对全体教师你只需有序而不遗漏地将他们需要完成的工作任务用提纲呈现，简单、明晰、易操作。在这个层面，作为行政人员要学会做减法。

二、化简为繁，有严谨部署

策划活动是每一位行政人员经常要面对的一件事。我们经常讲：活动的背后是策划！活动的背后是文化。其实活动的背后更是能力的体现。在我们学校，每年的11月都要举行传统的跳绳达人比赛。不同的是，比赛中每个孩子的成绩都将记录到班级总分，每位家长就是自己孩子的裁判员。可谓工程浩大。第一次活动的方案挂网，我一看，倒也还清晰。时间、地点、人员安排、比赛程序，似乎该交代的都交代了。可看着这份方案心里总不踏实。行政会之前，我要信息部门把这份方案撤了下来。重新制定的时候，我问大家：看着这份方案，你们清不清楚什么时间自己该做什么？是的，用我们通俗易懂的语言来讲，这是一份简案，而我们需要的是详案。

一个活动方案，首先要明晰的就是活动宗旨，这是一项活动的方向，有了它，活动的开展才有灵魂。就像我们跳绳达人比赛，体现的是全员参与、全员健康的运动精神。更重要的是请全体家长一起来见证孩子们的成长，和孩子共守一份约定，真实、客观地记录孩子跳绳的个数。比赛是美丽的展示，是激情的飞扬。比赛更是真、善、美的体现。其次，就是要明晰每个环节，每个人的位置在哪儿，职责是什么。比如说入场，需要细化到孩子出场成几路纵队，班主任站在队伍哪个位置，副班主任在哪儿，几个路口由谁负责。换句话说，我们在撰写方案的时候，就是将当天的活动再现，每个时间节点，哪些人在什么位置负责什么。当你这样在脑海中演示整个过程的时候就能做到有序而不遗漏。这就好比一位将军指挥千军万马，如果规划不好，就真的会"一将无能，累死三军"了！在这个层面，作为行政人员，要学会做加法。

三、宏观思维，有全局观念

上学期期末考试结束，一年级一位老师愤愤不平地跑来诉苦，投诉他们班的语文考试是一位体育老师监考，没有其他老师经验足，导致他们班的孩子考试成绩普遍低于平行班的水平。事后，我仔细查看了期末监考安排，确实感觉有不妥之处。我将监考安排表分发给每位行政，行政们畅所欲言。有的提出，监考要遵循小循环的原则，比如一年级和二年级的交换监考，三年级与四年级、五年级与六年级交换。这样兼顾了学段特点，监考老师与孩子的沟通更融洽。有的则考虑到监考要优先语文老师，因为学期末将结束工作，语文老师都身兼班主任，需要理顺许多事情，同等情况下，语文老师可监考时间短的低段，甚至可以比术科老师少监考1～2场。还有的想到在无主课老师安排的情况下，无经验的术科老师可考虑放在高年级，因为孩子有应考经验了，只需稍加提点即可。交流中，大家发现，别看是一个小小的监考安排，都需要全方位多角度去思考、去布局。

是的，作为行政人员，经常要布局谋篇，绝对不能有怎么快怎么弄的思想。当你站在全局的高度，尽可能地考虑多种因素安排工作时，你收获的不仅是高效，还有老师对你的赏识，你的用心将激发老师们对工作的全力以赴。你想老师之所想，老师也会为你两肋插刀，甚至会为自己有一些自私的想法而汗颜。面对你如此周到的考虑，他不会再提无理的要求，渐渐地还会学会去体恤他人，体谅学校。

四、换位思考，有赏识情怀

美国心理学家威廉·詹姆斯说："人性最深刻的原则就是希望别人对自己加以赏识。"每个学期我们都要倾听家长的心声。这也是老师们最紧张的时候。上个学期，教导主任认真拜读了1278封家长来信，在行政会上，她将自己罗列出的家长意见与我们分析。大家都觉得问题颇多，必须挂网公示，让老师们警醒。我将老师们写的"行政民主测评表"交到行政人员手上。行政人员看着老师对自己的评价，有的觉得委屈；有的觉得吹毛求疵；有的倒是释然，觉得有不理解之处在所难免……我告诉行政人员，其实换位思考我们也就能理解和包容老师们了。为什么不从赏识的角度看到老师的用心与付出呢！至此，我们改变以往的做法，将这次的家长反馈以"真心感谢你，轻轻告诉你"为主题，通过展板向全体教师传递家长的心声。我们将所有涉及班级及教师姓名的地方悄悄裁剪掉，在展板的前言，我们写道：我们的无私奉献与敬业品质得到了广大家长和学生的充分赞扬与支持，在悠远而绵长的育人道路上有彼此理解、关照与支持，有彼此欣赏、肯定与激励，这路定会越走越宽，越走越远……芸芸众生里平凡的我们从事着一份神思、心灵都相对焦灼的职业，所以我们难免有失误，甚至过错，也有自己尽心而无法改变的现实；请冷静、客观、谦虚地看待家长们的意见和建议，因为面对无邪的笑脸，面对鲜活的生命，面对这笑脸和生命身后无尽的殷殷期盼，我们依然需要努力，努力地完善自身不足，努力地释放自己的智慧，为自己，为他人，更为我们的明天！这次的反馈让老师们释怀了家长的种种不满，更重要的是老师们对行政多了一份信任。行政们的赏识情怀也在换位思考中逐渐拥有。

老师们活动成功，大家会一一发去信息称赞和祝贺！回信陆续收到："学校有了新气象，我又有了重新启程的感觉。""我做得还不够，但我会努力的。"透着温度的交流，彼此在传递一个信息——我们是互相喜欢和欣赏的。课堂巡查中，发现一个班级目之所及都是书籍，巡课反馈中行政人员写道:"四(2)班用书籍装点教室,书香袭袭,这份用心真感动!"渐渐地,有图书角的班级多了起来,让老师们主动地工作,提示与鼓励远比提醒与批评效果更好。是的,只要在学校发展和教师个人发展之间找到最佳结合点,以融洽的人际关系为依托,赏识每一位教职员工,工作的开展一定能水到渠成。

成长是一个过程。且思且行,走在路上,会有徘徊,会有质疑,会有失落,会有得意……但最终会从稚嫩走上成熟。我想,身边的人与事更真切、更鲜活。不妨记录这些案例,引领行政人员提高工作质量和个人素质,静水深流中一定能见证成长。

站在老师身边

"站"是一种姿势，不仰望、不俯视；"身边"是一种距离，不生疏、不逾越。作为学校工作的推进器，如何调动教师的积极性，让各项工作顺利开展，行政人员应全方位发挥自身的力量。

一、"站"是一种引领

1. 专业有高度能服众。教案，教师职业特殊的"作业"，是基本功之一。无论手写与打印，教案是课堂的"准入证"。要成为一名合格的教师，首先要从备好每一节课开始。青年教师，他们有激情，有理想，缺少的是示范和引领。课堂落实首先从备课的格式规范开始，教导处给出备课翔实、程序清晰、课时体现、德育渗透、媒体辅助、书写美观等要求，并要求每个人手头要有课标，每个办公室、每个备课组要有一到六年级整套教材。开学第一周的教师例会上，我们就会将一些教师在备课中值得推荐的地方向全体教师展示，引导教师朝着合格和优秀的备课方向努力，并要求部分教师及时修改、完善，并跟踪指导。

做好老师从备好课开始

一、备在课前。备课是教学常规，是整个教学过程中不可或缺的环节，是上好课的前提。可以让课堂教学结构严谨，层次清晰，知识准确。

1. 研读教材。要求认真、反复阅读教材；禁止直接下载、抄袭现成的教案；建议不急于看教参。

2. 把握体系。要求整组（整单元）备课，从知识的整体性、系统性出发，统筹安排每课时的知识重点，建立整体教材观。

3. 格式规范。每个模块要有单元总体目标、重难点、课时目标、总课时数和电教课时数；标明电教手段、板书设计、课后记等。

4. 过程翔实。分课时备课，备足课时。教学设计、二次备课详细。

二、备在课中。二次备课会使我们的课堂教学成为一个生机勃勃的动态过程，不仅闪耀着理性的光辉，而且跃动着个性的魅力。二次备课可以从以下几个方面进行：

1. 增：增加自己认为必要的教学内容、教学方法，对教案中过简的环节补充具体说明。

2. 改：改正教案中的一些错误，根据实际修改教案中不适应本班教学的教法和学法。

3. 删：删除教案中自己认为不必要的教学内容环节。

4. 调：根据需要调换教学内容及教学环节的呈现形式，调整过程设计的先后顺序。

三、备在课后。课后反思写什么？教师们可以给自己提出一些问题。如："我对全体学生关注了吗？""我怎样将学习目标与学生的学习活动结合起来，并借此把快乐传递给学生？""我的课堂设计符合孩子的认知规律吗？"，等等。在课后反思中成长。

1. 写教材的创造性使用。教科书是一种学习参考资料，教师是教材的建设者。在"课后反思"中记录教材使用的建设性意见，使教师、教材和学生成为课堂教学中和谐的统一体。

2. 写成功做法。教师教学的巧妙设计、学生的独到见解、课堂生成的精彩演绎。

3. 写失败之处。反思课堂教学的不足之处以及寻找解决问题的办法、对策等。

4. 写学生的问题。将学生在学习过程中遇到的困难，如知识难点、知识缺陷、思维障碍、作业中普遍存在的问题等记录下来，便于在以后的教学中有针对性实施补救，同时也为后续教学提供依据；另外，学生在课内提出的一些问题，教师当时不一定能及时解决，把这些问题记录下来到课后去研究。

深钻教材，研究教法，全面了解学生需求，不断提高自身专业素养，备好每一节课，是每一位新老师职业生涯的第一课。教导处的专业指导可谓提纲挈领。有高度的专业引领让老师们知道做什么，知道怎么做！

2. 谋事有章法愿跟随。在开学第二周的课堂巡查中，我们惊喜地发现，二（1）班的教室飘窗上有一排绿茸茸的盆栽！因为校园文化建设尚未开始，学校线条、色彩单一，缺乏生气。这抹绿色的出现让我们眼前一亮！但如果此时硬性规定所有的班级都必须在教室摆放植物，一定会引起教师反感；而且就算规定得以执行，因为是学校要求的，植物的保养、维护也是问题。在巡课反馈中我们写道："二（1）班孩子们带来绿色植物装点教室，生机盎然！"第三周，再次写道："陈老师的二（1）班飘窗上摆满了学生带来的绿色植物，每盆植物都贴好小标签，由几位孩子领养和照顾。既装点了教室，又培养了孩子的责任心和爱心。"渐渐地，窗台有绿意的班级多了起来，它们为班级带来清新的同时，也融入了老师和孩子们的爱心。渐渐地，每个班级开始有了色彩，有了绿意，有了童真。为此，学校开启了"我的班级我做主"班级文化建设活动。各班美观的布置、富有创意的构思、贴近学生生活的内容让我们目不暇接。充满人文情怀、彰显文化品位的教室文化作为一种隐形的教育平台对孩子产生的教育力量是如影随形的。行政在工作推进的过程中，就一个"点"不断地正向反馈，让老师的自驱力自然调动起来。

3. 做事有态度可示范。灰尘是电器最大的敌人，因此，"鞋套"是三至六年级学生信息课的必备用品，但一直以来，家长、老师和学生纠结于鞋套质量不佳、容易丢失、忘记携带的问题。在一次巡课中，教导处无意发现了一双自制的鞋套。它是用废旧的牛仔裤制成的，经济适用。我们没有错过这一细节，用心地策划了"校有妙招"系列活动之"鞋套DIY"。号召全校学生加入"鞋套DIY"活动，并对学生自制鞋套进行统一收集，在信息课上循环使用。学生们积极参与，利用废旧牛仔裤、毛巾、包装袋等材质制作出了各式耐磨、经济、低碳又充满爱心的鞋套。此活动不仅增强了学校师生环保意识，更将广大学生和家长邀请到为学校细微管理谋办法、出新招的队伍中来。老师们发现，原来办法总比困难多！遇事少埋怨，少找客观原因，你总能找到解决问题的突破口！行政面对问题的思维方式给予全体老师一种示范，正向积极的工作状态在整个教师队伍中蔚然成风。

二、站是一种服务

1. 不趾高气扬。"垃圾分类"是学校教育工作中一个重要落脚点。为此，学校对每个班级的落实情况也有巡查与反馈。那天，教师工作群里突然有一张照片，很明显这是一个班级负责的垃圾分类角。从照片上看，桶盖没有盖好，周围还散落着一些纸屑。有一个牛奶盒还搁置在垃圾桶的桶盖上。很明显，这是行政人员在群里公开批评这个班级的"垃圾分类"工作没有做到位。不出所料，班主任老师第一时间反应，找到了公布照片的行政人员。紧接着照片被撤回，可从行政办公室出来的老师仍旧是一脸不痛快。显然，事情处理得没有让当事者心服口服。果不其然，撤回照片的行政人员也是气得还在那儿喋喋不休，骨子里还在坚持：你工作没到位，真实反馈哪有错！我把自己任行政以来的经验所得分享给他，教给他沟通三部曲：第一，倾听，疏通情绪。做一个忠实的倾听者，有回应，有反应，有答应。接纳对方当下的生气、烦躁、委屈……情绪无所谓对错，只要有情绪在，就让对方疏导出来。让诉说者有安全感、依靠感。第二，赏识，找回自信。当诉说者的心情渐渐平复下来后，就轮到我们来说，说她的好，评价她工作中的亮点，有事实，有依据，让她真心觉得原来我做得这么多，并且大家都知道。瞬间赶走心里的委屈。第三，分析，给予方法。行政人员见多识广，身边也有许多方法得当、工作得法的老师。给对方提供思路，提供参考，让老师面对问题先想对策。至于公示也好，批评也罢，对于教师这个团队我们慎用。除非是屡次提醒均没有丝毫改观者。我们最忌讳的就是得理不饶人。你的振振有词不见得让老师在情绪上能接受，你的咄咄逼人不见得老师在方法上能采纳。这样日积月累，双方的互不接纳就会引发一系列的抵触，各项事情的推进就会举步维艰。你要相信，老师之所以还来解释，其实内心是知道自己有不到位的地方，只是想引用一些客观原因来减轻自己的负疚感。老师之所以还来据理力争，是因为她想争取机会，她在乎这些反馈，因为她希望自己获取的是正面的评价，这证明老师的状态是向上的。行政岗位上做事不难，更多的时候是做人，所以会沟通一定是行政人员必备的素养之一。

2. 不显山露水。天气原因，今天的升旗仪式，孩子们在教室里收看校园电视台的直播。我巡堂至一间教室，发现四个孩子独自在各自的座位上待着，还算乖巧，虽无老师，也还是认真地在看直播。询问中我得知，今天是他们班进行国旗下的献礼，班上的同学都赶往电视台候场，准备今天的节目去了。而他们因为迟到了几分钟，被老师留在了教室。可以明显感知，孩子的双眼中充满了羡慕，低落的情绪中明显透露出些许委屈与难过。我知道老师肯定是在严格地执行他的规矩，不容违反，不容商量。趁着老师带队伍回班之际，我和老师有了一次温暖的交流。为了这次上台，老师带着孩子们练习了整整两个星期，老师的认真不可置疑，但有些小遗憾是可以弥补的。我肯定了老师富有创意的国旗下献礼的展示设计，根据与老师交流而得知的一些信息，善意地将自己的三点思考与老师分享。第一，任何活动我们一定要学会"借力"。今天孩子们的登台，老师完全可以找副班主任或者是家长来帮帮手。有四个孩子因为晚来几分钟留在了教室，如果有帮手，完全是可以关注到这几个"违规"的孩子的，而不至于老师分身无术只能简单地将孩子留在教室里。第二，任何时候都不要忘记我们的"初衷"。跟孩子讲清楚要求规矩是应该的，但这只是我们督促孩子认真完成一件任务的手段，关键点不在于最后我们不折不扣执行了约定，而是通过约定让孩子在过程中用心，最后呈现时上心。所以当有孩子违反约定时，不能简单地取消他上台的机会，要有耐心了解这背后的原因，让孩子认识到问题，知道哪个环节自己可以做得更好，避免犯同样的错误，在试错中不断成长、成熟，才是我们育人的初衷。最后一点，一定要学会"圆场"。在孩子面前说过的话确实要掷地有声，但有时候迂回的教育效果会更好。找到一个契合点，孩子眼神中透露的在乎、情绪中表达的后悔、行动中显现的努力……都可以顺利地让孩子有台阶下。真诚的交流让老师感受到的不是批评而是帮助。所以，作为行政人员，说的话、做的事、提供的帮助不能让对方有压迫感，不能头头是道、自顾自地显示你的经验、你的才能，一定要保护对方的自尊。

3. 不越俎代庖。老师参加"天使在身边"活动，感触颇多。在学校的策划下，全体老师将感想用硬笔书法的形式递交上来。细读每位老师的活动感触，犹如品读一首首情义至深的小诗，于是有了一个想法，何不将老师们的手稿用诗行的形式打印出来，编辑成一本诗集？我大约只用了五分钟的时间，将自己的作品打印成稿，发送给教研主任，要求他明天中午之前收齐所有老师的打印稿，并告知其格式和所用时间，目的是减少他的顾虑及执行的难度。下午巡视完校园，转至他的办公室，却发现他正目不转睛地盯着屏幕，双手熟练地敲击着键盘，走近一看，他正在自己一篇一篇地将老师们的文稿输入电脑。"你怎么自己在打字？"我有点惊讶，但又怕这一句话伤害到他，赶紧补充道："你太认真了，敲了一个下午了吧，没关系，明天中午整理不出来，缓一缓，现在赶紧回家吧。"可能是听出了我话里的质疑，他解释道："布置老师做，还不如我自己来！"作为中层，上传下达布置工作是一种常态，我笑着告诉他："我送你三个成语，慢慢来，你一定会成长为一名出色的中层干部。第一个叫'收放自如'。'收'就是该自己亲力亲为的决不转嫁给别人；'放'就是该交代老师完成的决不包办代替。第二个叫'疏密有致'。'疏'就是该留余地的，发挥教师的创造力；'密'就是该考虑周到的，做严密的设计。第三个叫'张弛有度'。'张'就是该有序排列的，紧锣密鼓地执行；'弛'就是可调整修改的，放宽尺度，放松要求。"后来，我们推出"领读人计划"公众号，每位老师推荐一本好书并分享自己的阅读心得。我发现，这位新上任的教研主任推进得很有章法。他自己作为第一期的推送人，给全体老师做了一个示范。有模板，有要求，有安排表。他告诉我，事前他还进行了沟通，有特殊情况的就没有强行安排，还允许大家遇到紧急情况可以自行调换推送的时间。看着他脸上洋溢的自信笑容，我知道他找到了作为一名行政人员的节奏。

三、站是一种助力

1. 赏识老师的闪光点。教导处的常规检查必不可少，每次的反馈也是几人欢喜几人忧。可我们清楚，选择了教师这个职业，其实就是选择了付出，所以我们相信每个老师都是努力的。他们期盼把每一件事都做好，把每一个孩子都教好。与其说检查是督促老师们把工作做到位，还不如说，我们是通过检查激发老师的原动力。老师们的教案、评语、听课笔记、业务笔记、作业设计、评价方案，其实各有千秋，千篇一律的形式似乎已经无法激起老师心中的涟漪，或好或差也无关痛痒。为此我们以"为你们淘最"为题，设计了一张奖状。在这张奖状上，我们写着：感谢老师们一个学期以来的全情投入，倾心付出，抒写出一个又一个精彩，留下一份又一份感动，为你们"淘最"，为你们喝彩！最贴心的评语，最翔实的教案，最认真的笔记，最细腻的听课记录，最新颖的作业设计，最创新的考核方案，最全面的试卷分析……

老师们看着这张特制的奖状，认真寻找着自己的名字，久违的笑靥又绽放在老师的脸上。所有老师对号入座，心中自有欣喜，可也能注意到自身的不足。没有过多的语言，老师们看见了行政人员的态度：不是为了例行公事，不是走走过场，是真实地看见每个老师的认真、努力与付出。这是对老师的最好反馈，这是对老师最佳的赞誉。最后，我们用一位老师"听课本"扉页上的一段话语与大家分享：

从听课起步，与智慧交流。课堂教学的最高境界是无痕。善讲者不一定善教，但善教者一定善讲。生命在于积累，课堂在于磨砺。

每位老师手上都会有一本厚厚的听课本，而用心聆听这一段话，我们已经轻轻叩响了老师的职业操守之门。一个听课本不仅仅是满足学校检查的篇数，更应翔实、厚重，渗透思想。相信全体老师面对政治笔记、业务笔记、评语评定……这一系列常态、普通、必需的检查与反馈，会更加注重对自己成长的助力！

2. 看见老师的用心点。跳绳比赛结束后，教导处以"最美的姿势"为题总结整个比赛的盛况。开场的三张照片引起了老师们的注意，教导处很用心地将这三张照片分别命名为"注意跟上节奏！""进去，别怕！""来，老师帮你一把！"很显然，直接采用老师训练跳绳比赛时鼓励学生的语言来作为照片的标题。细看这三张照片，三位老师都有一个共同的动作：一手摇绳，一手轻轻推着孩子。听体育老师讲，无论是大课间，还是体育课，甚至是下午放学后，总能见到这几位老师的身影。这是二年级的几位班主任老师带着孩子们在训练跳绳，这学期她们第一次参加集体绳比赛。而正是这份付出的背后，孩子们收获着与老师在一起的愉悦，收获着团队作战的激动，更收获了比赛之后的荣光。二年级的学生以平均高出四年级30个的优异成绩诠释了"用心"的意义。分享了这照片背后的故事后，老师们明白：原来用心可以如此精彩！我们常常和老师们分享这样一句话："认真做只能合格，用心做才能优秀！"显然，如果我们把工作当成任务去完成，你每天将会在忙碌中憔悴；如果你把工作当成一份事业去追求，你将每天看见初升的太阳。每天有希望，有阳光，有收获！我们将这份用心传递给老师们，老师们再将这份用心传递给孩子、给家长！我们教育的生态将和谐而美好。

3. 感受老师的无助感。一次，一位情绪很糟糕的老师找我倾诉："对教研主任有意见，交代工作很伤人！"原来是教研主任关于合唱排练的事情让老师心里不爽。我安抚好老师的情绪后与教研主任进行了一次交谈。从三个层面帮她分析这次工作布置为什么老师情绪如此之大。首先是技术层面。合唱与独唱同为声乐表达，侧重点却不一样，一个突出个性，一个却要讲求共性。合唱在乎的是整体的表现与融合。教合唱更讲究专业性，所以我们要先看到排合唱的难度，给予老师鼓励。其次是领导层面。作为主抓这项工作的行政人员，我们既然选定了她负责，就要信任她，给予她最大的支持。选曲目不干涉，请指导专家自己定，这份信任足以让当事者心存感恩并带有压力。大决策上你定，小细节上你也管，这会让老师束手无策。最后就是人文层面。不要让老师活在前任的光环之下，这光环对当事者更可能是阴影。无论她多努力，别人都认为这是上一任的功劳，"有谁在肯定没问题"，这句话的潜台词就是让她负责有点冒险。这会让老师找不到存在感。老师还未实施你就先流露出担忧，这是在伤人心。人心伤了，人就不在乎了。所以作为行政人员，当你能与老师感同身受时，你就会知道在哪里给老师助力。果不其然，那位音乐老师最大限度地激发自身的潜能与斗志将孩子们带上了会展中心的舞台。我知道，事后我们的教研主任一定找到这位音乐老师进行过深度的沟通与交流。

身为行政人员，绝不要脱离团队。你往老师身边一站，老师就能感知心在一起的力量。我们可以站在老师的前面，拉一拉老师们，位置在前即为一种引领；我们可以站在老师身后，推一推老师们，位置在后即为一种服务；我们可以站在老师左右两侧，让老师们靠一靠，位置在侧即为一种助力。如果我们把工作当成任务去完成，每天将会在忙碌中憔悴；如果我们把工作当成一份事业去追求，你将每天看见初升的太阳。每天有希望，有阳光，有收获！

教研活动的思考与践行

教研活动是每个学校的常规动作。大家都清楚它是以教育教学中所面临的问题与瓶颈为研究对象，以教师为活动主体，以校为本的实践性活动。它就像是学校的动脉，大家都寄希望于通过教研活动发现教学问题，研究教学方法，总结教学经验，以此促进教师专业发展，带动学校整体提升，最终让学生受益。可正因为如此，教研活动陷入一种惯性，如何打破惯性，必须把握几点教研活动的特性，在实践中不断思考与践行。

一、教研活动的特性

（一）方向性

不容回避，现在的教研活动有两个极端。要么"守旧"，沿着根深蒂固的教研模式：上课—听课—评课，循环反复。要么"逐新"，讲"自主、合作、探究"，就都来研究小组合作学习；讲"问题意识"，就铆足了劲儿让孩子有事没事都发问。殊不知这样只是在走过场，做样子。真正的教研活动就来源于我们自身的实际。教研活动的根本目标是改进实践，实践中产生的问题就是我们教研活动研究的方向。从宏观层面讲，每一个教研活动都置身在学校这个大环境中，每个学校都有自己的办学愿景、育人目标，甚至有自身的团队文化，这是一所学校个性与精神的集中体现。它影响着每一位教师的思想意识、行为方式，持续而长久。反过来，这些意识、品质也并非一朝一夕凝练内聚而成的，它需要渗透在学校工作的方方面面。教研活动无疑也要担负起这一责任，让教师从最经常、最熟悉的教研活动中受到潜移默化的熏陶，这个方向需要坚守。

（二）专业性

孟子说：有为者譬若掘井，掘井九轫而不及泉，犹为弃井也。开展教研活动就是要掘井及泉，参与者不是聚在一起交流掘井的体会，而是来分享甘冽的"清泉"——活动成果。所以策划的教研活动不能仅仅停留在形式上的完整，而应该有实质上的突破。这就要求对一个主题的探讨需要持续研究，有的可以是三次、五次，甚至是一个学期。在教师层面，有鲜活的案例，有丰富的经验，但往往我们的教研活动只停留在浅层次的上课、听课、评课、经验总结方面，始终是"就课论课"，这样的活动显得苍白无力。教师的进步和提高、教法的完善，是一个从"理论"到"实践"，再由"实践"到"理论"的不断循环、提高的过程，所以，在研究主题确立后，一定要边实践边总结，再实践再总结，不断丰富和完善。如何把大家在实践中总结出来的共识上升为理论，再用正确的理论去指导教改实践。这个过程我们需要有专家的引领。不管是我们外聘的专业人员，还是我们本土产生的骨干力量，教研活动的深度发展少不了这些引路人。

（三）交流性

"水本无华，相荡而生涟漪；石本无火，相击而生灵光。"教研活动的开展就是要启动各方面的资源，搭建一个交流的平台。从不同角度发声，有不同层面的表达。正所谓仁者见仁，智者见智。自由开放的交流平台，会使教师的视野更加开阔，思维更加扩散，创意更加涌动，发言更加积极，从而反过来促进活动的有效开展。我们还可以开展校际区域之间的交流，以使整个学校整体发展和提高，也可以帮助别人，使其发展，互利互惠。在互联网时代，现代教育技术的运用更是为我们搭建了一个广阔的网络交流平台，只要我们有交流的意识，就会敞开心扉、彼此接纳。在对外交流的教研活动中，可以引进先进的教学理念和方法，就不会故步自封。

（四）人文性

教研活动实质是追逐一种"人文精神"，是为教师育人境界的提升而服务的"人文关怀"过程。很多时候为什么我们的老师宁愿去批改作业，也不愿意参加我们的教研活动，最关键的问题是老师们感觉在教研活动中没有得到实惠，感觉不到自己花时间参与有什么收获。在活动策划时，我们要考虑让参与者感到值得思考或行动的点，让每一个生命个体参与进来，关注每一个生命个体对教学的思考，让活动的开展的确有利于教师的专业化成长，的确有利于指导教师的课堂教学。一句话，活动的内容是教师所需要的，活动的形式是教师所喜欢的。在教研活动中老师们的经验有人分享，得到同行的认可；困惑与问题有人分担，得到同行的帮助。年轻教师获取方法，让自己少走弯路；年长教师获得尊敬，体现自我价值，正如马斯洛的需要层次理论所说的，每个人在活动中得到成全。

（五）制度性

但凡是"人"参与的活动，都需要有制度保驾护航。在我们经久不衰的教研活动中，每个学校都有一套完备的制度。定时间、定地点、定人员、定次数，规范而严谨。备课、听课、反思制度，学习、培训、师徒结对制度，丰富而周全。可这些制度大多以文件的形式存在，在上级检查的时候现现身，在交流汇报的时候亮亮相，执行的效果并不尽如人意。纵观这些制度更多的是在"点"上的要求，教研活动要成为教师的内驱需求，制度给予的更应是一个"圆"。站在"点"上人容易犯错，而且拘谨紧张，稍有不慎就不在"点"上，给一个"圆"就是给予一个范围，只要在范围内就是遵章守法，也便于每个人根据自身的情况调整自己在"圆"内的位置。这样，制度执行起来就不是在完成任务，多少有真实意愿的表达。正如赞可夫所说，每一个教师都有一种创造性工作态度的火花，只要我们坚信这一点就能同老师达成至诚至信的"心灵契约"，成为制度的制定者、执行者、建设者。有张力的制度更有执行的力度。

二、教研活动的思考对策

（一）理念蕴含巧，有目标意识

1. 宏观渗透。苏霍姆林斯基曾说过：教育的意图越隐蔽，越能被受教育者所接受。活动的背后是策划，活动的背后是文化。教研活动在策划之初，同样需要巧妙地将学校的愿景目标、团队品质渗透其中。

2. 微观求真。教研活动绝对不能是某个主持人或几个组织者一摸脑袋冒出的灵感。它绝对是来自教学第一线，是在教师中存在的比较普遍的真问题。策划者必须通过认真研究，敏锐地发现问题的实质，从而将问题转换成一个明确的研讨主题，这样才能确保活动开展的方向。

例如，一次语文组的活动，因为新学期转来了近10位新教师，为了让他们又快又好地适应新的环境，跟上组内的步伐，在活动中巧妙地设计了三个游戏。游戏一：全员上场听口令做动作，凡是出错的要勇于站出来承担责任，让每个人体会到了约束的力量。借此机会，校长和全体老师重温学校的各项制度和管理要求。游戏二："圆球游戏"，让老师们感受到了团队合作的力量，大家齐心协力、凝聚众人的智慧，用最好的方法、最快的速度将小球送达到目的地。游戏三："撕纸游戏"，老师们更切身地体会到，简单的沟通就能让我们取得一致意见，所以当我们在工作中有分歧时，应及时沟通！三个游戏的巧妙穿插让老师们清楚底线，拥有愿景。

（二）探究研讨实，有专业水准

1.专家引领。教研活动是一个科学、严谨的学术讨论会，活动中需要有人能牢牢地把握研讨的主基调，捕捉发言中的一个个"闪光点"，引导教师们围绕主题不断深入，层层剥离，呈现出问题的核心，并集中大家的智慧，找到解决的办法。进而帮大家把实践中总结出来的共识上升为理论，再用正确的理论去指导教改实践。这就需要团队中有专家的坐镇。

2.持续研究。许多时候，我们的教研活动都只是作为一项任务在完成。因为学校有要求，所以要开展。因为任务在身，所以勉为其难上上课、发发言。其实，教研活动最终要达到"实用"的目的。这就要求当确定一个主题后，就一定要有结果。一次不能达成共识，就要及时地调整研讨中心，查找资料，寻求突破口，在下一次活动中提出来让大家继续研究，直到最终形成妥善的解决方案为止，绝不能不了了之。

参加低段的一次教研活动。两位老师上课，针对《四个太阳》的教学，老师花了许多心血，看一看、演一演、画一画，整堂课视频冲击力强，画面让学生陶醉，从一幅幅精美的画卷也可以看到孩子们课前所做的准备，整堂课丰富而热闹。《画家和牧童》则从课题入手，读准、写好。没有任何花样，孩子们带着认准字、读通文的任务自由朗读了六分钟。就这样在波澜不惊中，抓住几个关键词、领会几个关键句结束了教学。研讨时却发现，对于这两堂课老师们有截然相反的态度，谁也说服不了谁。究其原因，老师们还是不懂语文教学的真谛。我们请来教研员给老师们进行课例分析，并在研课的基础上再次试教。针对老师不解之处进行专题例证讲解。老师们逐渐明白，低段教学落实两个任务：写好字、读好文；一切教学从文字、语段出发，感受语言文字的魅力。老师们笑谈，心思要花在刀刃上！

（三）交流互动多，有创新思维

1. 建立对话机制。所谓不愤不启，不悱不发。很难想象一个没有准备的教研者如何能与其他教研者对话起来！要想让参加教研活动的人员积极发言，就要求参与者必须首先是钻研者，在活动前做相关准备；其次是发言者，言无不尽，敞开心扉发表自己的见解。同一个问题，每个人的立场不一样，角度不一样，思维的方式也不一样，当大家毫无保留地讲出自己的观点时，就能碰撞出思维的火花，找到创新点、落脚点。

2. 搭建互动平台。学校的教研活动，说到底都是处在同一文化背景下的参与者共同参加的，他们来自共同的团队，长期地相互影响，对问题的看法有相似性。同质的一群人，相容相惜，很难激荡出内心的涟漪。在这个开放而活跃的教育大环境下，在这个互联网渗透到每一个角落的大时代里，我们应该有资源共享意识，在校际之间、区域之间，甚至是国际之间搭建起互动的平台，克服个体的局限性、片面性，拓宽大家的视野。

例如，数学组研究"抽屉原理"来探索"数学证明思想如何渗透给学生"。学校出面邀请专业的团队参与到我们的活动当中，有市级数学教研员、市级数学名师工作室成员、兄弟学校骨干教师。在交流碰撞中，问题逐渐明晰，点子也层出不穷。更宝贵的是每次思考都有新的角度。

张新春老师：抽屉原理是一个纯理论的知识，在生活中的应用较少，要让学生在生活中体会到"抽屉原理"的存在和意义是不现实的。所以，这个内容的重点应该落在怎样让学生理解这个命题的意思上；通过什么样的方法来验证这个命题是否正确；怎样运用这样一个原理来对各种情况进行说理。

陈晓飞老师：对于这样纯理论的知识，怎样才能让学生产生兴趣呢？还是应该设计合适具体的情境，调动学生的积极性。

丁丽老师：高年级，在学生活动的设计上，可以放手让学生自己来。自己提出可以设计什么样的活动，要规定哪些要求，会用到什么学具，大家怎么分工。

张丽萍老师：命题的证明要严谨，一定要让学生把道理说清楚，为什么对，为什么不对，辨析要到位。

在反复的磨课中，老师们明白，本课的教学目的不是让学生计算抽屉原理，然后去应用，而更多的是给出一个理论，让学生去证明这种理论的正确性。因此，教学时应让学生经历猜测、尝试、验证的探究过程，并在此过程中引导学生逐步从直观走向抽象。

（四）人文关怀暖，有绿叶情怀

1. 内容上需要。很多时候，我们只要站在对方的角度看待问题、思考问题，我们就能一眼看到大家需要什么，能满足大家的需要就是一种人文关怀。满足教师的求知欲，如一场及时雨为教师答疑解惑，为教师提供展示的平台、获取体验成功的机会。在教研活动中我们一样可以做到有绿叶情怀。

2. 形式上喜欢。很多时候我们总觉得教研活动是一个严肃的事情，很少会花时间去考虑形式、设计。其实，我们只要有心，哪怕在程序上来一点"陌生感"，老师们都会心情愉悦。换句话说，如果我们在乎老师们，就会舍得花时间、花精力，用智慧策划每一个老师们喜闻乐见的教研活动。

3. 个体上成全。每一个参与活动的个体都有其特质。他们性格各异，有的乐于表达，有的喜欢展示；他们诉求不同，有的提升素养，有的获取方法；他们水平不一，有的经验丰富，有的理论丰厚。参与者的分工和水平的参差不齐产生教研的动力。教研活动就是不同分工和不同水平钻研者的互动过程。正如老子所言：有无相生，难易相成，长短相形，高下相倾，音声相和，先后相随。每个个体发自己的光，获取滋养的雨露。

例如，参加过一次班主任工作交流研讨活动。活动前，策划人针对班主任日常工作的喜怒哀乐制定了一份名为"天马行空"的征集单，并对相关问题进行了搜集与整理。在"海底'捞'问"环节中，老师们提出"怎样培养学生良好的卫生习惯？""在烦琐的工作中怎样提高效率？"等困惑；而在"击鼓传花"环节中，有经验的老师真诚介绍：落实标准，养成习惯；培养干部，注重表率……紧接着，在"现场答疑"环节中，我们请来的资深班主任现身说法讲述自己与孩子们的故事。交流会帮老师们解疑解惑，更是给了老师们一个疏导情绪的时空。

（五）行政参与勤，有制度保障

1. 支持力度。经常可以感受到，老师们上一次教研课，他期盼学校领导能坐在下面听其授课；组内策划一次活动，会派老师专程来邀请领导、行政人员参加。老师们希望看到学校层面对他们的重视与认可。从某种意义上来讲，这本应该是学校层面的中心工作，无需教师专程来请，作为学校行政层面的领导者、管理者主动参与教研活动是其分内的责任与义务。在学校制度层面就要进行严格的分工，行政人员各司其职，分管不同学科。无理由、无借口，必须全程参与，甚至是出谋划策。

2. 服务意识。很多时候，制定制度是为了监督与管理，是为了守住一些底线。假如我们换个思维，制定制度是为了让老师们更好地享受权利，那么如何最大限度地提供服务，给予人力、物力、财力的保障，让活动的开展能够顺利、有效呢？我想当我们从监督者的身份转变为服务者的身份时，便能感受到助推一次活动成功的喜悦感与自豪感。

教研活动不是一项任务，而是一份值得我们去追求的事业。它需要教研组织者的精心设计，活动背后支撑的理念要有高度；活动的开展要能厚积薄发，有专业的深度；活动的各个环节要能合理安排，有交流的广度；活动进程中要有执行的力度，张弛有度，拥有人文关怀的温度。作为我们教育生活的一部分，值得我们耗费心力去经营，在记忆中留痕，在过程中怡情，成为我们生命中不可或缺的一部分。

赏识管理让身心和谐向上

人的最高需要层次为自我实现。我想，只要在学校发展和教师个人发展之间找到最佳结合点，以融洽的人际关系为依托，赏识每一位教职员工，工作的开展一定能水到渠成。

一、教师大会中达成共识

俗话说："良好的开端等于成功的一半！"教师的精气神在假期后的第一次见面就要树立起来。每个学期的第一次教师大会我一定会亲自策划。记得2021年春季开学，我以"用责任担当书写年度感动"为题开启那个学期的第一次教师大会。会议开始，我深情述说：2020年极不平凡，有人在危难中逆行，有人在逆境中坚守。这一年，难关我们闯过了，难题我们克服了，正因如此，我们才拥有更多的难忘。放眼中国，有这样一群人成为这一年感动中国的人物，让我们一起来听听他们的故事。屏幕上出现2020年的"感动中国"十大人物的相关的事迹及颁奖词。

在动情的音乐声中我告诉老师们：每一个闪亮的名字都值得我们铭记。他们每一个人都在平凡中流淌着伟大的爱，闪耀着人性的光辉，更值得我们骄傲的是，这其中有一位我们教育界同人，让我们通过一个短片走近她。张桂梅"感动中国"的视频短片一结束，我告诉大家，九分钟无法折射作为教育人的光芒，我认真地查阅了有关她的一切故事，感动中写下了自己的所思所想，今天也带给大家！

用责任担当书写小城大爱

一条洗得发白的牛仔裤，一件老气横秋的花衬衫，一双老旧褪色的黑皮鞋，一副土气厚重的黑框眼镜，这是伴随着育人楷模张桂梅瘦弱身姿的标配。

如果说我有追求，那就是我的事业；如果说我有期盼，那就是我的学生；如果说我有动力，那就是党和人民，这是镌刻在师德标兵张桂梅灵魂深处的誓言！

她是华坪县女子高中的校长，是1645名女孩眼中的女神！

奔走、呼吁，历尽千辛万苦！赞助、募捐，使出浑身解数！

她说，她是一位工程师，要为贫困山区的女孩儿装上飞翔的翅膀，让她们飞出大山，飞向世界，汇入追逐中华民族伟大复兴中国梦的滔滔大潮中。

她是华坪县民族中学的老师，是无数辍学孩子心中的天使！

10万公里山路，她一步一步走；1500多户家庭，她一个一个访。

她说，她是流向沙漠的小溪，她要斩断贫困的代际传递，让最底层的百姓看到希望，让所有的孩子享受教育的公平，在老百姓的荒芜心间造就一片生命的绿洲。

她是华坪县儿童之家福利院的院长，是31名孤儿的母亲，她让母爱在无数关怀备至中延伸；她用赤诚托起无数孤儿的希望之光；她用真爱诠释什么是大爱无疆。

几个月大的孩子，最安静的状态就是依偎在她的怀里；十几岁的孩子，最幸福的样子就是托腮听她讲故事。

老师、妈妈、恩人，一个个称谓的改变是责任的叠加；院长、书记、校长，一个个身份的转变是初心的诠释。

习近平总书记说，一个有希望的民族，不能没有英雄；一个有前途的国家，不能没有先锋，实现我们的目标，需要英雄，需要英雄精神！

张桂梅就是一盏明灯，她昂首挺胸，排除万难，哪里有困难哪里就有灯光在闪烁！

张桂梅就是一个榜样，她坚守初心，情系群众，哪里有挫折，哪里就有榜样在引领！

张桂梅就是一面旗帜，她埋头苦干，播撒大爱，哪里有艰苦，哪里就有旗帜在飘扬！

当许多人一步步跨入大学校，而她却一步步走向偏远小校；当许多人一步步走向大城市，而她却一步步走向贫困山区。

将内心的澎湃转化为坚定的信念，让我们接过她手中的接力棒，扬起教育这面大旗，勇做社会的脊梁；让我们走到最高处，走到最顶峰，不让孩子失望，不让家长失望，不让社会失望，不让我们深爱的这片土地失望！

在几位学科组长深情朗诵完这篇小短文后，我将话题转向我们自己身边的人与事。尽善尽美、止于至善、一丝不苟、恪尽职守、兢兢业业、精益求精……这些词都可以用来形容一个人的不平凡！他们将简单的事情重复做，将重复做的事情用心做。如果用一个词来形容这种状态，它就叫成功！是的，平凡中的坚守，才叫感动。让我们来看一张清单。当教育科下发给教导主任的开学工作应交资料出现在屏幕上时，我和老师们分享：再多的语言已是苍白，我想就是将这一项一项都勾画完，也需要足够的耐心与时间。让我们把感动的掌声送给我们的教导主任，而她只是我们行政团队每个人的缩影，所以掌声也送给我们的行政团队！

有这样一群人，我数了一下，他们是这些QQ群的成员：学校工作群、年级工作群、学科工作群、班级工作群、班主任工作群、出省学生群……其中入群多、责任大的是我们的班主任团队。个个貌美如花的当家花旦，随时待命、随时反馈、随时动员、随时化解，"随时"就是她们的生命常态。就拿今年寒假来说，学生动向摸底通知一下发，大家各自落实，没反馈的家长，她们一个接一个地拨打电话，在第一时间摸清每个人的去向。让我们感谢这支优秀的团队，也献上学校的一份小礼物。行政人员给每位班主任老师送上一副对联！

还有这样一些人，或许他们从未发声，或许他们从未夺目，却依旧是我们"实小"星空中闪亮的小星星。他们有的跨越三个学科，有的身兼数职，但在学校人员紧缩的情况下任劳任怨，感谢这些老师的理解，感谢这些老师对学校工作的支持。或许是自愿，但落实当天的每一个事项都那么及时到位，这就是担当。记得那天一位老师值守学校，我一会儿要一些学校功能室照片，一会儿要打印一些申请表……她都一一到位，而她也只是我们值日老师的缩影。这群人，还同时兼任摄影师和诗人。让我们一起来欣赏他们的佳作。一张张值守校园的老师每天拍摄的校园照片呈现在大家面前。这是在用另一种方式告诉大家，校园一切安好！

还有手部受伤仍赶来学校分发书籍的吴老师；怀有身孕却从不向学校提任何要求的刘老师、沈老师；动手术首先想的是不耽误手上工作的夏老师、张老师……

今天我们的教师大会就是美好的"第一次"，请老师们也善待自己的第一次：做好第一次健康码、行程码的收集；搞好第一次卫生大扫除；出好第一次黑板报；弄好第一次环境布置；写好第一份教学计划；备好第一节课的教案；上好第一堂课；开好第一次开学典礼……总之一句话，按照各部门的要求与标准，将每个细节落实到位！最后请全体起立，我们一起诵读《芙蓉教师宣言》，并签下自己的师德承诺！

一次教师大会，简单的语言，简单的画面，简单的允诺，却开启了全体教职员工用行动书写2021年度的感动的序幕！"缘起缘行，同洒星辉""同是芙蓉'实小'人""最美'实小'人""与祖国生息与共"……一期一次，将师德培训、师能培养巧妙地融入工作的布置与强调中，有启迪，有思考，更有行动！

二、活动回顾中分享感动

我们常说一句话——"活动的背后是策划，活动的背后是文化！"

不可否认，在这一理念的支撑下，每一次的活动都是一次完美演绎。但结果不是唯一让我们感动的，更重要的是在这个过程中我们每个人的付出与努力。所以在群策群力、完美演绎每一次精彩之后，我们一定会认真地进行回顾。

同心协力演绎精彩

七彩阳光下，鲜艳簇新的红领巾映衬着孩子们灿烂的笑脸，孩子们精神抖擞，斗志昂扬，整装待发，充满了"精、气、神"。饱满的精神状态、专注严肃的神情、整齐规范的动作、整洁崭新的服装、嘹亮给力的口号令在场的评委、老师们和校外围观的家长们震撼了，感动了！这是全体教职员工精诚团结、倾力奉献演绎的又一份精彩！

镜头一：（体育组老师们）在广播操训练期间，办公室几乎就没有出现过邹老师的身影，仅有一次，破天荒地落脚办公室了，还是开着"七彩阳光"的视频在琢磨，还在狭小的走道上认真地自个儿做起来，这敬业呀，相当令人感动！似乎骆老师的声音总是嘶哑的。带着一年级的孩子做操，那份艰难只有我们一年级的班主任老师清楚，可每天我们回家的时候，她还在训练跳绳队的学生，这声音是累出来的，我们唯一能做的就是她回办公室时让她能喝上一杯热茶！烈日下，吴老师站在二年级孩子的队伍前面，大声喊着口令，重复着纠正动作，似乎有使不完的劲儿！谭老师在队伍中似乎是最忙碌的，调整队伍，示范动作，额头上的汗珠没有停过！不论斜风细雨还是炎炎烈日，他们始终坚守在自己的岗位，嘶声力喊，挥洒汗水，他们勾画了校园最动人的风景！感谢体育组老师们的倾心付出和全力以赴，这份精彩的名字叫——责任！

镜头二：（班主任们）班主任们的付出太多、太多！因为大大小小的事情都离不开他们！"右手举平，左手向右45°！""脚要踏起来！""错了的换脚！""抬头挺胸，精神一点！"一词一句无不体现他们对学生的期盼，一个个纠正学生不规范的动作，一点点规范某些细节，这份精彩的名字叫——用心！

镜头三：（老师们）从队伍的前排到后列，到处都有我们副班主任的身影。有的在悉心指导动作，有的在耐心讲解要领，有的在揣摩动作要领，有的在思考队伍排列，每个人都主动发挥自己的能量。克服太阳的暴晒，置满脸的汗水而不顾！我们更有杨校长现场示范口令！六年级老师及时送来服装！这份力量何愁不强大！这份精彩的名字叫——协作！

镜头四：（孩子们）广播操期间，孩子们是最可爱的！每个孩子都在很努力地听从老师们的指挥，认真地操练。虽然也会说很累、很辛苦，但都自始至终坚持了下来。虽然动作不是特别标准，但都一次又一次地认真重复着，他们的坚持，他们的努力，他们的进步，无一不让我们为之触动。正是这群可爱的、一天天成长起来的孩子给我们校园编织了一道最美丽的风景！这份精彩的名字叫——坚持！在坚持中孩子们树立了集体意识，在坚持中孩子们培养了意志力，在坚持中孩子们增强了体质，在坚持中孩子们更明白了我们要达到的是唯美的境界！

镜头五：（家长们）学校的前坪前聚集着许多身影，那是家长在为孩子们精心准备服装！学校的围墙四周聚集着许多身影，那是家长在为孩子们训练打气加油！教室里聚集许多不熟悉的身影，那是家长在为孩子们戴红领巾、系彩结。正因为有了家长的这份关注与投入，我们才倍感欣慰，我们才力量倍增。这份精彩的名字叫——配合！

镜头六：（行政们）策划整个队列队形、设计每个比赛环节、选取每段音乐音频、考虑服装装束，行政团队默默地出谋划策，可精彩呈现时，他们在各自的岗位上没有露面。更令我们振奋的是陈校长把疲倦抛在脑后，主动操刀上阵，她的肩上担当的是学校的荣耀。一个下午的指挥，让我们全新呈现！这份精彩的名字叫——智慧！

大赛中，我们感受到的是作为一个团队出征的光荣与责任。大赛中，我们享受的是彼此间的默契与关心。这份精彩源于我们的默契！它足以让我们激动、兴奋，足以让我们骄傲、自豪！

阳光体育大课间取得优异成绩，学校行政紧扣几个镜头展现成果，老师们的精气神再一次被点燃。每次大型活动的回顾，一是肯定大家的付出，二是表彰大家的优秀，三是鼓舞大家的士气。每个环节中都有我们的齐心协力，每个场面中都有我们的众志成城。兴奋之后，老师们收获的是彼此间的相互支撑；辛苦之后，老师们感受到的是嘘寒问暖的关怀。内心暖暖的，这份激情又将投入到明天的奋战中。

三、巡查反馈中浸润关怀

行政巡查是我们落实常规管理工作的重要手段。每天都会有负责的行政人员或在每个窗口驻足倾听，或在课间来回观望。我们会不定时地学习一下老师的教案，我们会不经意间翻阅老师批改的作业……

但这一切只有一个出发点——让我们的工作在不断改进中完善。在巡查中，我们发现老师的美丽；在巡查中，我们发现老师的智慧；在巡查中，我们发现老师的创意……我们彼此分享，我们相互感染，我们在日常的坚守中读懂每位老师的用心。

行政人员在晨读检查后，写下这样的留言：

后悔穿了一双高跟鞋，错过了北栋三楼的一年级，不能欣赏小不点们晨读的可爱模样了。所幸，南栋二至四楼的每一间教室的学生或大声，或细语，或自主，或聆听地沉浸在晨读里，教学楼里"安静"却充满生机，喜欢这种充满了向上能量的"安静"，能唤起人一天的精气神。

这段留言中有肯定、有赏识，更有鼓励与提醒。渐渐地，晨读成为了育才三小最美的一道风景线。

一次课堂常规巡查，我们用文字记录点滴感受：

随预铃进入北栋三楼，一年级六个班均已安静，六位班主任已经整齐到位，从组织来看，进班时间在五分钟以上。一年级的头一个月，分外煎熬，孩子从幼儿到小学生的角色转换在这一个月得以高度强化。这个月同时也是班主任与任课老师最为辛劳的时期，需要我们给予倾力陪伴与付出，有幸有这样一个新生团队快速认真地投入，让孩子们不断成长、进步！

剩下的时间匆忙走完了其他教学班，真的是走马观花。老师们太多的精心准备也许都无法被发现、彰显与共享。理解术科老师在专业教室组织学生的耗时，理解班主任梳理常规的"变脸"，理解对特殊学生必要的帮扶，理解临时换课的仓促……

学校，这个充满生命力的地方，真不是用多少谢谢、多少感动或是多少不易能述说清楚的，只能用简单的文字记录一二，为润物无声的生活增添点点印记，老师们，辛苦了！

一次卫生巡查，发现教室的卫生保洁不够到位，我们以开处方的形式给予老师们方法。在反馈中写下了这样一段话：

教室是陪伴孩子度过一天学习和生活的场所，某种意义上也是他们的一个小天地、小小窝，营造一种温馨、干净、舒适的氛围才能让学生有所归属，而整洁的环境是必不可少的。良好的习惯来自一点一滴的积累，这些我们都认同，那么面对学生乱扔、乱丢、随意摆放物品的行为，我们应该予以规范与引导。

处方一：对于教室卫生的维护，建议学生自带垃圾袋，每日或几天清理一次。

处方二：学生长时间离开教室（上专业课、户外课、放学等时段），请做到"桌面空，桌椅靠，桌下净"。

服用方法：提要求、抓落实。利用空堂上厕所、偶尔放松的间隙进班级瞄一下，将表扬与提醒情况及时反馈在黑板上。

服用剂量：病情严重者，五到十天为一疗程，连续三疗程。病情较轻或控制住后，每五天巩固一到两次，直至痊愈。

不良反应：暂无明显不良反应。但初次服用者偶有恶心、困乏之感，此为正常现象，由同伴加以安慰与协助即可。

老师们认真阅读的同时，感受到了学校的良苦用心，明明是自己有些地方做得不妥，但学校却能感同身受，这份理解、信任与支持让老师们主动去面对，主动去改变。我们发现，留言比找老师谈话更能触动心灵。

四、年度总结中演绎幸福

每个学校的总结会都是在学期接近尾声的时候隆重召开的。而我却将学期的总结会放在新学期开学的第一天。学期结束时，我设计了一张记录表——"用你发现的眼睛记录身边的感动"，老师用最朴素最直接的语言在这张表上写下了大家的点点滴滴。我将收上来的七十几份表格认真品读，将每个老师的故事编进了节目中。开学的第一天，团员青年为大家激情演绎过去一学期的感动与幸福：饱含真情的朗诵让我们眼前浮现出一个个感人肺腑的故事；俏皮活泼的"三句半"诠释了一个团结奋进、创新务实的行政班子；轻快搞笑的"快板"演绎了一个个身边的感动；激情欢快的"同一首歌"唱响了撼人心弦的育人之歌。这唱的、说的，就是我们身边最可爱的老师，每位老师都感动了，感动于这份铭记，感动于这份用心。

表演的年轻人在台上驻足，她们中间有代课老师、支教老师、新进教师，还有后勤人员，就是这样一群不可或缺的成员，用全心全意的付出让我们更加深刻地理解了什么是责任。我告诉老师们不管是从何方而来，不管是在哪个岗位，我们就是一家人！正因为我们肩上有责任，正因为我们敢于担当，所以我们才彼此感动！这份感动叫责任！

随着一张作息时间表的呈现，我们走进班主任的一天。在诉说中我们又彼此分享各个学科组的感动，因为我们心中有爱，所以我们身心投入。这份感动叫真爱！

五位年长的老师在热烈的掌声中走上了台，他们从灿烂回归宁静，三十年的风风雨雨，洒下一路爱意！如果说我们的投入是一份激情，那么三十年仍能保持这份激情就是一种心境。这份宁静就是一种脚踏实地的平实！值得我们珍藏一辈子！

一次总结会将责任、真爱、宁静深深植根于老师的心田。在《朋友》的歌声中，每个人将自己的新年心愿写在树叶上，亲手种下了一棵"幸福许愿树"。

第二个学期的总结会，我又以"寻找幸福四叶草"为主题，以办公室为单位，让每个办公室以不同的形式述说身边的故事；第三个学期我们则在"感谢因为有你"的主题中，分享自己成长的快乐。

当我们用心去发现每一位教职员工的闪光点，赏识他们时，一切向上与向善的东西就会转化为正能量。这种温馨而真诚的文字反馈将学校常规建于"有心无形"当中。我们用精心规划来引领常规落实，用专项巡查来诊断问题，用及时反馈来改进行动。正是彼此间的赏识让我们身边幸福萦绕。

让校园食堂成为一门课程资源

如果给大家一个关键词——食堂，你们脑海中第一个闪现的是什么？检查、资料、食品安全……从呈现的这些词中，可以窥见社会各界对食堂的关注，也能反映校园食堂第一责任人内心的焦虑与纠结。既然是学校一项不容有闪失、必须高度重视的重点工作，何不化被动为主动，把"校园食堂"当成一门课程资源，发挥其育人功能？

一、制度践行承诺

在我们的意识中，制度是用来管人的。其实制度更应是一种双向的约定。从上至下，我们不缺制度，档案资料中有厚厚一本，墙上有满满一版。重要的是，作为管理者，我们不仅要看重它的约束性，更应发挥它的指导性。通过制度，明晰地告诉相关人员应该做什么，如何做。在日常培训中我们再三强调的就是让食堂工作人员明晰自己的岗位职责，清楚地知道自己所负责的项目该如何落实。不仅体现规范性，更应具备程序性。在日常的巡查中，我们将全体工作人员是否按程序完成各项工作作为检查的重点，操作者一步一步按程序操作到位，就不会有遗漏，在这一点上不求创新，只求按部就班不打折扣。制度不仅有惩戒性，更有激励性。人的本意是想把事情做好，更想得到众人的认可与赏识。所以发挥制度的双向功能，相互进行承诺，就能让制度为我们保驾护航，同时从"岗位精神"的高度提升人的素养。在培训工作中，我们带给工作人员一些真实的案例。袁苏妹是香港大学一位普通的助理厨师和清洁工，她数十年如一日，用母亲的心去对待每一位学生，坚守自己的岗位，尽心尽力、全心全意完成自己的工作，为每一位学生服务。她的付出赢得了港大师生对她的赞誉和敬意，获得了香港大学"荣誉院士"的称号。培训的最后，我们以"对于一个只识五个字的老人来说，是什么让她获得了如此殊荣"这一问题引发大家对岗位精神的思考。

二、配餐关注成长

"芙蓉区实验小学食堂菜谱"——这是一张很普通的表格，但倾注了社会、学校、家长对我们实验小学儿童的关注。我们历时两个月，三易其稿，制定出这份学生菜谱。本着"平衡膳食，合理营养"的原则，由膳食委员会提供三周的食堂菜单。在试行期间，学校进行及时反馈与记录，调整颜色、搭配单一或口味欠丰富的品种。第二阶段，我们让食堂大师傅参与其中，摒弃一些不适合大锅烹制的菜品，或者营养损失多的烹饪方式。不仅可以保证菜品的营养，而且在口味上注重色、香、味。正所谓"老吾老以及人之老，幼吾幼以及人之幼"，我们在家里如何为自己的孩子设计，我们在学校就如何替自己的学生考虑。在没有任何事前准备的情况下，我们会请来校交流、谈话、议事、咨询事宜的家长到学校食堂就餐，尽可能多渠道、全方位地收集各个层面的信息、建议，在逐步完善中让学校食堂成为助力孩子健康成长的加油站。

三、就餐渗透礼仪

中国的许多礼节是在饭桌上养成的。在食堂就餐无疑是对孩子进行养成教育的重要契机。我们和孩子们一起制定了《芙蓉区实验小学文明就餐公约》，用孩子的语言表达他们觉得应该要注意的细节。

芙蓉区实验小学文明就餐公约

午餐也像学习数学或阅读一样，在这里我们习得习惯的养成、获取知识的补给、达成人与人之间的和谐，我们一起约定：

一、进入餐厅放轻脚步，餐厅内不大声喧哗，不说不文明的话，不在餐厅内追跑。

二、清洗小手，用水完毕，自觉关闭水龙头，不浪费水，节约用纸。

三、遵守秩序，打饭菜时自觉排队，不插队或在打饭窗口前拥挤。

四、爱护公物，不在餐厅的墙壁、门窗、就餐桌椅上乱写乱画；

不损坏餐桌椅、餐具等设施，如有损坏能照价赔偿。

五、不挑食，进入餐盘的食物吃干净，保证营养均衡。如若再次添加食物，适量而止，不浪费。

六、爱护公共卫生，不随地吐痰，不随意把剩饭剩菜乱扔在地面和桌椅上，剩饭剩菜能倒入回收桶内，就餐后自觉把餐具放到指定地方。

八、未经允许，不擅自进入食堂操作间。

九、尊重工作人员的劳动成果，对人有礼貌，知道感恩。

十、若对食堂有意见或建议，及时向学校反馈。

约定就是彼此之间的以心换心，期待我们在每日的点滴中收获成长！同学们，让我们一起努力吧！

在孩子们的就餐区和就寝区，我们设计了评比栏，不仅赏识表现好的孩子，也为进步大的学生点赞。不仅看个人的表现，也进行集体的评优。在这一过程中，有集体的礼仪课，也有对个人的提醒，让孩子们在每日的点滴中习得对他人的尊敬，对自我的提升，对集体的归属。

四、陪餐传递温情

"陪餐"在小学食堂一直是做得很到位的。我们芙蓉区实验小学是师生同餐厅，实行共餐共进，而且孩子们在一轮就餐后需要补充食材，也是可以到教师窗口来打餐的。班主任作为孩子们最亲近的人，从进门洗手到排队打餐，再到入座就餐，是全程陪同的。校长的陪餐是根据情况的反馈灵活调整的。有时是下到班上同一个班的孩子、老师共同进餐，有时是邀请孩子们围坐在一起就餐。从某种层面上来讲，校长是孩子们最想亲近的人。借用这份情感，给予不同需求的班级、不同意愿的孩子一次机会，有时，这就能轻而易举地化解一些小心思。对校长的到来，他们有期待，同校长一起就餐，他们有荣耀感，这是一个不需要付出多少心力却能事半功倍的能量场，孩子们能接收到那份亲切与温暖。

当就餐成为一门课程，"育人"就成为食堂管理的核心，我们积极营造温馨、文明、节俭的食堂文化，以食堂为依托，实施管理育人、环境育人、服务育人。对于任何一所学校来说，前面的路任重而道远，我们仍将主动为之，积极为之，让学校食堂成为校园一道亮丽的风景线。

　　韩愈《师说》有言：古之学者必有师，师者，所以传道受业解惑也。《中华人民共和国教师法》也明确写道：教师是履行教育教学职责的专业人员，承担教书育人、培养社会主义事业建设者和接班人、提高民族素养的使命。教师应当忠诚于人民的教育事业。而我的教师宣言是：

　　我自愿选择做一名人民教师。忠诚祖国，敬畏教育，心中有爱，生命留痕。

　　在与祖国的生死与共中，忠于人民的教育事业，贯彻国家的教育方针，履行时代赋予的使命，追求教育至善至美的境界！

　　在与学校的荣辱共担中，用务实进取落实岗位职责；用智慧灵性谱写今日华章；用开拓创新铸就明日辉煌！

　　在与同伴的相濡以沫中，共约同一个愿景；共沐同一缕阳光；共享同一个舞台；共营同一方净土；共赴同一个承诺！

　　在与家长的牵手同行中，平复躁动的心，唤醒真诚的爱，为成长相约、相守、相望！

　　在与孩子的朝夕相处中，像风的呢喃、如雨的浸润、似浪的拍岸，一起聆听生命拔节的声音！

　　把责任写进生命，将生命融入教学！痴心不悔，初心不改，匠心不渝，静心不辍！

巧用每个点点滴滴　培养学生创新精神

"培养学生进取精神、创造精神和适应社会需要的良好心理素质"是我国教育改革的方向。作为一名教师，自豪的不仅仅限于自己培养出成绩优异的学生，更应醉心于自己的学生有良好的创新精神。

一、激发兴趣，培养创造意识

俗话说"知之者，不如好之者"。兴趣是学习的原动力，只要激发了孩子们的原动力，就不怕孩子学不到知识。课堂教学的每一次课题导入，是我常用的契机。每一堂课，我都会结合教材内容，用一些名人事迹、故事笑话、趣味幽默来引出课题。做到既贴近儿童的生活实际，又充满现代生活气息，在开课时就潜移默化地诱导孩子们的无意识活动，很自然地吸引他们的注意力。在教学中我潜心探索，让学生自己提出问题，思考解决问题，用所学的原理、知识去解决学习和生活中的新问题。让孩子对自己的学习理解和应用过程进行自评、互评，做到理解、应用、反思三环统一。为了让孩子们保持浓厚的学习兴趣，我上网收集大量信息，利用现代教育技术手段，使看不见的变成看得见的，使无法重演的能够重现，使难以亲自实践的如临其境，让书上的一个个故事形象生动、鲜明逼真地展现在学生面前。作为老师，我享受其中的乐趣。师生共同的协作培养了学生的创新意识。他们已经会不自觉地向大人多问几个"为什么"，不自觉地记录一些发明家的故事，不自觉地摆弄一些小玩意儿。

二、树立信心，培养创造个性

创造个性是由冒险性、挑战性、好奇心、想象力四个品质组成的。很多孩子缺乏创造的信心，认为那是"天才"所做的事，要自己搞发明创造，想都没想过。班队课、特殊节假日、特别事情的发生都是我想把握住的每一次契机。利用这些时间与机会，我组织孩子们举行故事续尾比赛、根据词语想象绘画比赛，让孩子们自己讨论，自己争论，自己评价，培养他们的挑战精神和冒险精神。面对续出来的故事结尾，画出来的画，我告诉他们："谁说我们身上没有创造力，你们看！大家画的、大家讲的，多美多动听！什么是创造力？首创前所未有的事物的能力就叫创造力，这些不都是你们创造的吗？"我精心设计一系列活动，甚至连孩子们的一篇篇新颖的作文，我也及时加以肯定，让每个学生都获得成功的喜悦，都充满创造的信心。孩子们明白了，创造并不神秘，人人都有创造力。信心变成动力，现在的他们面对搞卫生时洒在地上的一层水都能"各抒己见，想入非非"。家长也来信告诉我，现在他经常趁孩子不注意，先看看《十万个为什么》以备孩子的突然"袭击"。孩子的想象力、好奇心正得以充分调动，创造个性正在逐步形成。

三、拓宽思路，培养创造能力

孩子们的思维容易受定式的影响，思路很难打开。而要培养学生的创造能力，就要打破这种僵局，拓宽学生的思路。首先，注重培养他们课外阅读的能力和兴趣。我告诉家长，不要放过每天睡前的二十分钟。这个时间段是最不会被其他的一些琐事侵占的。请家长陪着孩子一起养成睡前阅读的习惯，扩大孩子们的阅读量。告诉他们丰富的知识是创造发明的首要条件。其次，利用闲散游离的时间给孩子们出出"智力题""脑筋急转弯测试"，把扩散思维与集中思维结合起来，让学生异中求同，摆脱习惯，打破定式。第三，注意在实践活动中锻炼培养学生的创造能力。学生的学习，其活动应该占主导地位，通过小制作、小发明、小论文等活动，让学生把所学的知识融会贯通，掌握方法，增强能力。今年教师节，我收到了许多小礼物，有树叶拼成的"猪八戒"、石头凑成的"小蝴蝶"、破袜子和烂瓶子组成的"小博士"，还有许多自制的小卡片，望着这满满一桌的小礼物，我由衷地感到欣慰，这是多么有灵气的一群孩子啊！

四、锻炼毅力，培养创造意志

当今的小孩，最缺乏的就是坚强的毅力，怕吃苦，怕受累，遇到一点困难就畏缩不前。我利用早读时间、夕会课时间，给孩子们讲述大量科学家、发明家克服重重困难，不怕失败，不怕嘲讽，勇于实验的故事。每天只有零散的十几分钟，但日积月累，这些事迹给了学生无形的启迪。孩子们明白了，一个人即使掌握了丰富的知识、正确的方法，如若没有顽强的意志，能力再强，也终究不会有什么出息。抓此时机，我千方百计挖掘每个学生的闪光点和特长，创造一切条件，使每个学生获得战胜困难的成功体验，使学生敢于冒险，迎难而上。现在孩子们面对数学难题，已不再是求爷爷、问爸爸，而是寻求多种解答方法；面对作文也不再是搔耳咬笔，敷衍几句了事，而是想法使自己的文章独具匠心。他们是一群正迈向成才之路的孩子啊！

作为教师，如果能把知识传授、能力培养、个性发展融为一体，如果能看到一双双灵动的眼睛，那将是你最幸福的事。没有他法，就是用心！用心利用每天的点点滴滴时间，用心利用每次的大大小小事情，把知识与能力，过程与方法，情感、态度与价值观融入其中，达到"随风潜入夜，润物细无声"的境界，让学生快乐地成长！

着眼未来　立足课堂

我国的小语教学一直以来沿用苏联的"文学分析法"模式，教师的讲解代替学生的理解，参考书的答案代替学生的思考。这样，极大地束缚了学生的思维。面对当今高科技产业化、经济全球化给我们提出的严峻挑战，小学语文教学应着眼未来，使课堂真正成为学生自主活动和探索的天地。

一、教给方法，培养求知能力

未来世界需要人才具有基本的语文学习能力。我们的教育是要培养孩子们终身的学习能力，为终身发展打好基础。叶圣陶老先生曾说过："语文教材无非是例子，凭着这个例子，要使学生能够举一反三。"例如，识字教学时，我让学生认识到汉字是音、形、义的统一体。每次教学我从这三个环节入手，完成大量的识字任务，并有的放矢地在课堂上让孩子试着自学。让他们学会"音"要多读，正确区分前后鼻音、平翘舌音；"形"要多想，主动动脑用比较、想象、联想等方法记忆字形；"义"要多练，通过组词、造句、查字典、联系上下文来理解。经过长期的训练，孩子们能轻松掌握大量生字，并逐步脱离老师的教，达到自学。阅读教学中，我主抓"导读"与"读写例话"，把握单元训练重点，教给孩子们把握文章的方法，让他们能仿写作文，进而拓展思路，自己创造性地形成写作技能。在学习结构相似的课文时，我则以段为例，引导学生在读懂课文的过程中领悟阅读方法，由扶到放，培养自读能力。如《美丽的公鸡》一文，我以第二自然段为突破口。第一步：看图，发挥想象。说说公鸡和啄木鸟会说些什么？第二步：读文，理清层次。知道这一段先写什么，再写什么，最后写什么。第三步：表演，体会感情。理解公鸡的骄傲、啄木鸟的冷淡。在这里，我得出"看、读、演"的学习方法，运用这种学习方法，我采取"放"的形式，让孩子们自学第三自然段。第四自然段则让他们自己当小老师。总之，我们要相信学生，相信他们有学习的愿望和能力，同时，学习能力和创造意识也只有在自主学习中才能培养起来。

二、强化训练，锻炼实践精神

捷克教育家夸美纽斯曾讲过，"一切语文从实践中学习比用规则学习来得容易"。过去的教学串讲串问，牵着学生走，孩子们没有自主学习的可能性。我们应以学生的自学自悟为基础，调动学生主动训练。首先，让孩子"多读"。"读"是学习语文最基本的方法。有些可意会不可言传，可感悟而无法表达的内容要靠学生自我体验。文章只有在反复诵读中才能体会出它的精髓。如《金色的鱼钩》一文，讲述的是长征时期的故事，这离现在的孩子实在是太远啦，如何去体会长征的艰辛、老班长的伟岸，只有通过读。让孩子自己读，从文中找出最受感动的一段，读给大家听，说说自己为什么这样处理。让文字通过自己的朗读感动自己，也同时感动大家。此时，老师只要稍加点拨，孩子们就能回答，一个生锈的鱼钩为什么能闪烁出灿烂的光芒。孩子们在读中培养了语感，在读中熏陶了情感。其次，让孩子"多问"。学生若能发现并提出较深入的问题，证明他有较强的理解认识能力。过去的课堂强调统一答案，忽视独立见解，久而久之，学生产生惰性，影响创造力的发挥。所以要让孩子多质疑，大胆说出自己的见解。第三，让孩子"多动"。对词语的掌握、文章的理解不一定要靠语言文字，有时肢体语言更能发挥事半功倍的作用。如"难为情""吃惊""得意"等词可以让孩子们自己做做，通过面部表情来理解，"连蹦带跳""大摇大摆"等则可以通过动作来表现。低年级多让孩子们分角色表演，高年级可以让他们自编课本剧。孩子们充分动起来，他的自信、他的思维、他的能力就能在行动中得以充分锻炼。总之，我们要把课堂主动权交给学生，给学生留下语言实践的时间、自我揣摩的时间，让孩子成为课堂的主体。

三、注重形式，激励竞争意识

未来的世界是一个竞争的世界，顾明远教授曾提出"新人要有竞争意识"。作为教师，要合理设计课堂，激励孩子们的竞争意识。这里所说的"注重形式"并不只是强调一堂课的花样，而是强调形式要与内容相结合。有了一个合理的载体，"内容"才能锦上添花，如游戏、比赛、讨论、辩论、当小老师等都是较为适合小学生年龄特点和心理特征的好形式。像上"基础训练"，如若一堂课从头到尾都让孩子们"一、读题，明确要求；二、练习；三、订正答案"，势必使学生感到疲劳厌倦。此时，我设计成比赛的形式，把孩子们分成两组，让他们自己给本组取个名字，如"智慧星""小博士"等，孩子们的兴趣一下高涨起来。他们对阵而坐，跃跃欲试，都想为本组"插上红旗"。一堂课就在激烈的竞争中结束。又如识字课，可以让孩子们自己选出小老师，放手让孩子们上台讲解。孩子们的表现欲、竞争意识得以调动，他们会用心地听老师讲，再像模像样地学着老师的样，教他的"学生"。有时，又可设计成游戏。出示一个字，以队为单位，每人写一笔，看哪一队写得又快又好。让孩子们在合作中竞争，在竞争中合作。

　　培育人并不是一句空话，作为教师要在教学中改变旧的教育观念、旧的教育模式、旧的教育方法，构建以学生为中心、以学生自主活动为基础的全新的教学模式。让孩子们成长为真正的社会主义事业建设者和接班人。

"双减"落地　点状开花

　　2021年7月，中共中央办公厅、国务院办公厅印发了《关于进一步减轻义务教育阶段学生作业负担和校外培训负担的意见》，并发出通知，要求各地区各部门结合实际认真贯彻落实。至此，"双减"成为高频词。这份文件的出台，指导思想非常明晰：坚持以习近平新时代中国特色社会主义思想为指导，全面贯彻党的教育方针，落实立德树人根本任务，着眼建设高质量教育体系，强化学校教育主阵地作用，深化校外培训机构治理，坚决防止侵害群众利益行为，构建教育良好生态，有效缓解家长焦虑情绪，促进学生全面发展、健康成长。"高质量""学校教育主阵地""教育良好生态""学生全面发展、健康成长"，这些就是当下给我们教育人提出的要求、理应达成的目标。我们集大家之力，从以下四个维度着手，将"双减"落地。

一、破难点，意识转变

"教学是学校的中心工作"这一教育规律决定了校本教研的地位和作用。在"双减"工作实施中，我们学校将实践活动与研究活动密切结合在一起，大力倡导学校教师参与研究。从而突破"双减"工作的难点，让老师们整体意识转变。

1.创建团队，让集训有氛围。高素质的教师队伍是教育教学高质量的保障。为了充分发挥骨干教师、党员教师的榜样作用，学校开展"我们实小的良师""我们实小的党员"系列活动，通过投票评选、事迹分享、微信推广等，树立优秀典型，传播正能量。同时，加大对年轻教师的培养力度，学校成立了"北斗星辰"教师成长营。借喻北斗七星"运乎天中，临制四方，以建四时"的地位，将全体老师分成七个小队，冠以北斗星辰之名，结合各种活动和竞赛，队与队之间进行团队协作，以此来激发团队的活力和凝聚力，铸就"闪耀自己，辉映他人，点亮星空"的团队精神。定期开展通识、新任教师、班主任、信息技术等专题培训。通过各种方式，不断提升教师素质和教育教学能力，使他们更好地为儿童未来的发展服务。

2.创新方法，让培训有碰撞。教师培训方面，我们运用PDCA循环规则，P指计划，D代表执行，C为检查复盘，A则是优化升级。运用此思想和方法，各个学科组制定出小组的主题任务，落实学习与研讨。比如语文组开展"如何强化学校教育的主阵地作用"主题研究；数学低年级组重点探讨如何提高教育教学质量，促进学生全面发展、健康成长；体育组讨论如何提升学校课后服务水平，满足学生多样化需求；美术组讨论如何转变教育评价方式等话题。学科组的老师们围绕各自的主题，开展小组讨论交流，制定目标与计划，针对任务，组织商讨实施策略，并对过程中的关键点和最终结果进行检查，最后纠正偏差，对成果进行标准化梳理，并对实施策略进行优化，在此基础上确定新的目标，制订下一轮计划，让每个老师成为思考者、表达者、参与者。

3. 阅读推进，让读书有氛围。教师是一个永远都不能停止学习的职业。教师培训围绕"读书"开展。春季，学校开展了"人间最美四月天，正是读书好时节"活动，老师们定下阅读计划，埋头读书，在年级组、公众号推荐好书，分享自己阅读的感受。我们成立了"星"读书营，大家在"营"里尽情交流，用表演、朗诵、讲故事等不同的方式，诠释着与书的对话。"书香"大树上，挂满了教师的阅读心语。暑期，我们利用培训时间，老师们讲述与书相伴的经历，纷纷捐出自己钟爱的书籍进行自助漂流，为下一期的读书营开启序幕。

二、抓重点，作业减负

作业是对课堂教学的巩固、深化、拓展，更是对教学质量高低的直观展示和反馈，无疑，"双减"时代，作业的设计是减负与提质的重点和焦点。我校采用"三量三有"模式，以作业管理为杠杆撬动"双减"工作的推进与深化。

1. 压减总量，有监督。按照《芙蓉区实验小学作业检查标准》，一、二年级不能有书面家庭作业，其他年级布置的作业注意时量和创新，三至六年级书面家庭作业控制在一小时之内，落实周三无书面作业日，腾出更多时间让孩子参加实践活动、劳动或锻炼，阅读，科学、全面地压减作业总量。作业的设计与布置突出一个核心内容，即将"作业"作为检验学习目标是否达成的核心内容。学校制定了作业"三步走"原则，即：把作业设计作为教学设计的重要部分；把作业实施作为学习评价的重要依据；把作业效果作为教学改进的核心标准。通过班主任把控书面作业完成时间，教师公示作业的广度和纬度，教研室定期进行教案、听课、作业的一体化检查，共同勾勒出作业管理的同心圆。

2. 提升质量，有设计。学校为发挥作业诊断、巩固、学情分析等功能，将作业设计纳入教研体系，系统设计符合年龄特点和学习规律、体现素质教育导向的基础性作业。各教研组针对学生不同情况，精准设计作业，提高自主设计作业能力。学校鼓励布置分层、弹性和个性化作业，坚决克服机械、无效作业，杜绝重复性、惩罚性作业。例如，数学组以"作业设计"为目标，聚焦源头治理，形成了大单元作业设计任务链，将任务链引入单元作业的设计中。明确学生的作业设计与课堂教学是不能脱离的，在备课时结合单元和课时教学内容、学生学情、学习目标，提前设计好单元作业及每节课的课堂练习、课后作业，从单元视角、学生视角、融合视角设计有趣、有效、有质的作业，形成单元课时任务"一条线"，单元作业"一道链"，从而促进学生建构素养培育的"一张网"，提升作业的整体性、关联性和逻辑性。

3. 改变定量，有留白。当作业设计与学习进程、学生能力不匹配时，往往会被学生视为附加任务，导致学生的负担加重。为此，学校重点关注综合性作业设计的实效性，基于单元学习主题，有效创设作业情境；基于学生学习进程，逐步分解作业任务；基于学生认知特点，精心搭建学习支架；基于学生个性发展，注重作业成果展评，从而真正发挥综合性作业的实效性。分层作业不是对学生分层。例如，语文组通过找准每类学生的最近发展区，基于学生的具体实际分层布置作业。针对学生的个体认知差异，布置选做作业，引导学生结合课本知识，向课外拓展；针对学生学习情况，设计实践作业，激发学生的学习热情；针对学生兴趣个性，设计趣味作业，拓展知识内容。

三、立支点，课堂增效

1.常规巡课，让课堂有秩序。常规课堂是落实"双减"提质的"主战场"。要想让孩子们学得更轻松，课后减少负担，课堂就务必要高效。学校根据春、秋两个学期的不同特点，采取了因地制宜的常规听课制度。秋季开学，班级增扩，学生大量增加，新进教师人数众多。每位行政人员及学科组长，带领数位新教师下到班级听课，把控教学质量，指导和帮助新任教师迅速进入角色，提高课堂教学能力，正确把握好"双减"方向不走偏。春季学期，围绕一两个具体切入点，比如"精讲精练""兴趣激发""学困生关注""听课习惯培养""作业布置与落实"等，广泛推门听课，涵盖各个学科、各个年级，包含所有教师。同时，让全面听课与随机巡课相结合，每天都安排两位行政人员对课堂进行巡查，及时发现问题、解决问题，表彰典型，鼓励宣传。双管齐下，保证学校日常的课堂教学活动有效开展。

2. 骨干示范，让课堂有方向。骨干教师是学校的优质资源。在"双减"工作的推进中，学校应该充分发挥这部分老师的智慧和示范作用。例如，"聚焦提质增效，构建高效课堂"卓越教师课堂展示活动，选取不同学科的骨干教师，提供平台让他们呈现语、数、外等各个学科的精彩教学，让他们为"'双减'课堂"代言，以学生兴趣为导向，在教学中实践新理念、新教法，化冗长的说教灌输为合作教学、游戏教学、跨学科融合教学，呈现有活力、有质量的"生本课堂"。在平时的校本教研活动和日常工作中，骨干教师也能充分发挥引领作用，带领学科组的老师深入钻研，不断尝试更行之有效的"讲、练、评"课堂模式。

3. 教学竞赛，让课堂有效果。为了帮助年轻的教师迅速成长，保持老师们课堂的活力和钻研的精神，学校每年应举行大型的教学竞赛，检验课堂效果。以落实"双减"为目标，深化课程改革理念，力求转变教学方式，不断提升教学质量。语文组可以以"指导整本书阅读"为主题，让孩子们在舒心愉快的阅读中，潜移默化地提升语文素养。数学组可以"扣住年段特点，激发学生思维火花"，从现实生活的问题出发，引导孩子自主探究，用数学的思维思考世界。综合组探索信息技术助推教学效率的提升，彰显科学、体育、艺术特色，让学生在丰富的体验中提升综合素养，感受学习的幸福。

四、聚焦点，平台延展

1. 课后服务，从需求出发。学校开设的课后服务遵循全面调研、全科设置、全程监管的"三全"原则，让每个孩子知识得以巩固、兴趣得以发展、能力得以提升、特长得以发挥。共开设包括游泳、篮球、啦啦操、羽毛球、击剑、乒乓球、足球、趣味田径、花样跳绳、舞蹈、民乐团、交响乐团、小主持、创意绘画、英语绘本阅读等四十多项课后素质拓展课程，涉及体育、音乐、美术、科学各个维度，让学生的课后生活多姿多彩。

2. 平台提供，从发展出发。做教育不是要我们日新月异，相反，很多东西需要我们在坚守中让它成为常态。久而久之它会成为一种惯例，一种传统。"正德学堂"让孩子明礼守规。每周周一轮流让一个班级的学生上台表演，不限形式，充分发挥教师、学生的创意。"健达学堂"让孩子阳光向上。学校形成了三维一体的运动模式，每天一小时的体育大课间，每月一项"健达学堂"体育竞赛，每学期一次全员参与的运动会。各大赛事中出色的表现见证了孩子们的成长足迹。"美育学堂"让孩子温润宁静。利用每周四夕会的时间，各个学科结合本学科特色以传统文化为主题，进行微课讲座，让学生在生动的授课形式中提升综合素养。"敏智学堂"让孩子放眼世界。我们以学校的音乐厅为开讲礼堂，让孩子自行申报担任开讲人，每季度举办一次，把这个舞台交给学生。

3. 项目实施，从素养出发。我们基于生活真实情境问题，依托具体的项目任务实施一种以合作学习和自主建构为核心的课堂教学模式，项目式学习的实施，打破了以讲授为主的传统授课模式，凸显了学生的自主合作、自主学习、合作探究，实现了对学习任务的分解，落实了学科核心素养的培养要求，促进了学生创新能力的提高。我们将语、数、外、音、体、美等十个学科分布在各个月份，举行丰富多彩的学科活动，全组行动，全员参与，既活跃了校园的气氛，丰富了学生的生活，又充分锻炼了学生的能力，提高了学生的素质，拉近了学生与学科的距离。我们打破学科壁垒，发挥教师专业特长，将学科知识、素养提升，以主体推进的形式融入一个又一个项目式学习中。每个学科都有其"主题文化"，六年一循环，让孩子每年都有期待、有参与。

以最小的教与学的投入获得最大学习效益。在"自主建构、互动激发、高效生成、愉悦共享"中完成知识的掌握、能力的增长和情感态度、价值观的变化。我们任重而道远。

将教育教学质量置于学校工作首位

在机遇与挑战并存的21世纪，教育被置于极其重要的地位，人们呼唤学校能培养出多层次、高素质的人才。作为教师应把教育质量问题置于工作的首位。

一、重视行政班子的建设

行政班子的充实和加强，给学校注入了新的生机与活力，有力地促进学校各方面工作的开展。小学的行政班子是由书记、校长、教导主任、教研主任、总务主任、少先队辅导员组成的。学校各项工作能否顺利进行，教学质量能否再上台阶，关键是看行政班子的思想水平、工作能力、协作情况。

"班子"的组建，要考虑到这个领导班子的整合力量。要从各学科、各部门抽调人手，这样，每位成员来自不同学科的教学第一线，每人都有自己熟悉的学科和工作，在商讨制定学校工作时，就能各抒己见，从不同角度发表观点，以便全盘考虑。除此之外，还应考虑男女的搭配，老中青的互补，使1+1>2的整体功效得到最大化发挥。

班子成员的认知要统一。由于各成员在知识能力、气质性格、分管条块等方面存在差异，甚至是分歧。为减少内耗，协调平衡，凝聚力量，要组织大家多学习、多交流，把育人当成一切管理活动的出发点和归宿。在实际工作中，要从整体利益出发，把个人分工负责与集体领导有机结合起来。会上敞开说，一旦形成决议，大家都要努力去执行。

二、重视师资力量的培养

实施素质教育的主体关键是教师。时代的发展呼唤着完美的教师形象，学校的发展需要建设一支新型的教师队伍。行政团队要形成一股合力，积极创造条件，让教师破除"一次教育"观念，树立"终身教育"思想。每周定期组织政治业务学习，定期举行科学理论、专题讲座，适时提供外出学习的机会。让教师在继续教育中具备敏锐的思想政治素质、高尚的职业道德素质、先进的教育观念、厚实的专业知识、现代的专业技能。在新时代里实现教师角色的更新。

观念更新。传统观念中，重智育轻德育，重知识掌握轻能力培养，重考试检测轻个性特长。在教育实践中，往往强调教师的主导作用，把学校教育变成教师的"一言堂"，忽视学生的独立意识。教师应坚持以学生为主体，重在开发，旨在发展。给学生自主学习的时间与空间，让孩子做课堂学习的主人。尽快树立新观念：好教师应该充满创意，好教学应该培养学生的创新精神，好学生应该具有创新精神，行政人员应该带头创新。

能力更新。以计算机和多媒体为代表的现代教育技术手段的引进，必然要求老师的能力相应更新。学校要开展普及以计算机应用能力为核心的现代教育技术培训。要求教师会制作电教教材，会使用电教媒体，会运用教学软件。教师要有信心，有紧迫感，提高外语、计算机应用能力。在课堂上，教师还要培养自己随机应变的现场感。不死搬教案，以学生的"动"来调整自己的"教"。要善于开发学生的潜能，创设宽松和谐、民主愉悦的课堂氛围，与学生心相通、情相融。

方法更新。传统教学十分重视教师如何教，重视对教法的研究，忽视学生如何学，忽略学法指导。教师教的目的是不教，让学生学习方法，掌握规律，由学会到会学。这就要求教师在备课时改变思路，从设计"如何教"转向设计"学生如何学的活动"。改变传统串讲串问的教授法。根据小学生的年龄特点、心理特征运用"游戏法"，把教学过程设计成游戏情境；"童话法"，让孩子们喜欢的小动物成为课堂上的常客；"模仿法"，对课程的某一部分内容，让孩子们当小老师；"发现法"，让孩子自由说，自我评价，从中小结规律；"启发法"，从小结一系列问题中训练思维。

三、重视教育科研的研究

在社会主义市场经济条件下，小学要落实《中国教育改革和发展纲要》中提出的由应试教育转向提高国民素质的发展目标，绝非一件容易的事，有许多新情况、新问题需要从教育科研的角度去解决。教师在教学过程中会遇到许多新的问题、新的疑惑，需要教师进行研究，走以科研促教学、以科研促改革的道路，能够不断提高教学质量和教学效率。

组织落实。建立健全教育组织机构，充分行使其职责，是搞好教育科研的关键。小学的教育科研机构从上至下应依次为校长室—教科室—课题组—实验教师。各层面各负其责。校长室为课题组提供全方位的支持与关注。教科室负责教研课题的论证、反馈、实施过程中的监测。实验组分管各课题的过程落实。实验教师承担具体的操作。但从目前小学的教研室来看，组织机构形同虚设。许多学校的教研主任理论水平有限，没有从高度站位去思考教育科研方面的问题。偶尔做一做也只是迫于应付上面的检查。学校要明确教科室的地位。设专人，并赋权于教研室。教研室对所需研究资料有审批购买权；对实验成效显著的教师有奖励权；对教师的评优、晋升有表决权。让教科室成为真正意义上的学校的理论指导室、决策参谋室、信息资料室。

课题落实。实验课题的选择必须符合党的教育方针，具有可行性；符合儿童身心发展规律，具有科学性；选择国内外正待研究需要解决的问题，具有先进性。课题一经选定，就要保持它的相对稳定，不能轻易变更甚至放弃。在全面衡量比较的基础上选定实验班。在自愿择优的基础上选定实验老师。班级、人员一经选定就不能轻易改动。

制度落实。进行教育科研，必须具有严谨、求实的科学态度，来不得半点虚假与马虎。这就要有一套切实可行的制度标准、程序方法，使课题实验落到实处。教科室要将"学校教改实验安排一览表"列入学校工作计划。教导处将每年教改教研活动安排到"周工作安排表"。每一个课题都要经过选题论证、中期检查、成果鉴定、上交验收、评选推广几个环节。每一个课题都必须做好定人定班、方案目标设定、计划总结、过程记录、资料保存、前测后测、成果汇编几个方面的落实。

四、重视教学体系的形成

加强和改进教育工作，不只是学校和教育部门的事，家庭、社会各个方面都要一起来关心和支持。只有加强综合管理，多管齐下，建立"大课堂"教学体系，营造有利于孩子身心健康发展的环境，孩子们才能真正茁壮成长。学校要经常性、定期性地请家长、社区参与指导，听取办学育人意见，改进学校工作。有计划、有组织地开展一系列教育教学开放活动。解答家长心中的疑惑。对于周边环境的不利因素要联合社区集中治理。尽一切力量给孩子一个健康和谐的环境。

改革"小课堂"。小课堂指每天6节的法定教学时间。作为学校教育，它始终是教育的主阵地。在教学实践中要不断地进行改革，以适应社会发展的需要、个人发展的需要。研究师生关系，营造和谐、民主的课堂气氛；研究教学过程，构建自主的教学模式；研究问题设计，发展学生思维；研究教材特点，探寻创新突破点；研究学习评价，鼓励学生成功；研究教学效率，提高课堂的教学效果。

丰富"中课堂"。中课堂指40分钟以外的校内活动时间。现在的小学非常重视40分钟的课堂教学。而一放学却要求学生以最快的速度做好卫生离开学校。每天还有明确的静校铃。忽略了学校现有的教室、场地和资源，忽略了学生得益于老师课堂上讲的知识只占30%。学校应广泛开展校内各种活动与竞赛。让学生在校内积极主动参与各种活动。充分发挥图书室、实验室、专用教室及各类教学设施和实践基地的作用，在活动中求发展、求创新。

建设"大课堂"。大课堂是指社会课堂。这是长期以来被忽视的一个重要的学习场地。现在的孩子独生子女居多，小学阶段自理能力相对弱。许多学校为了避免一些意外事故的发生，几乎是最低限度地安排外出活动时间。就连一学期一次的春游、秋游也是9：00出去，11：30回。我们要摆脱这种约束，组织学生观察参观、调查采访，指导学生进行社会交往、社会访谈。广泛利用图书馆、博物馆、展览馆、科研基地、农村工厂等社会资源，以及丰富的自然资源，让孩子们了解社会、体味人生，在大的社会环境中求发展、求创新。

作为教师，如果把主要精力放在事务工作方面，就跟不上教育科学最新发展的趋势，无法培养出社会所需要的人才。学校的质量效益无法达到令人满意的水平。所以一定要铭记：教育教学质量是学校的生命线！值得我们倾尽心力，全力以赴！

加强资源意识　丰富写作素材

"写作能力是语文素养的综合体现。"现今小学生普遍存在厌倦作文的现象。究其原因有三点。1.教材的习作范围狭窄。翻看小学教材单元作文训练，无非是写人、写景、写事、写物。一个内容从三年级写到六年级如同嚼蜡。2.教师的教学形式单一。长期以来受传统的教学思想的影响，教师的教学形成了一人模式：读题，明确要求；讲解写作方法，读范文；学生写作。千题一试，千人一面。3.学生的习作素材贫乏。学生常常为没有题材而头痛，出现了"粘贴""重排""复制""重命名"等现象。作文的教学效果不明显。要解决这一问题。我们的写作教学应贴近学生实际，让学生易于动笔，乐于表达。各地区都蕴藏着自然、社会、人文等多种语文课程资源，教师要有强烈的资源意识，去努力开发，积极利用。教师不仅要重视课堂教学资源，更应充分利用课外学习资源，让学生更多地直接接触无处不在、无时不有的语文材料，丰富孩子们的写作素材。这样学生的素材库才会充实，写作时才有话可说、有事可写、有感可抒。

一、走进自然，欣赏万物生灵

大自然是最神奇的。它的一草一木、一山一石无不透着灵气，蕴含着生命的美丽。飞禽走兽、日月星辰、自然现象、山水风光、文物古迹，都是写作的重要素材。它就活生生存在于我们的世界里，可孩子们不善于发现它们、欣赏它们。教师要善于抓住时机，让孩子们走进自然，感知它的美丽，感受它的灵性，用赞美的心境，欣赏万物生灵。为此，我们要做到家庭、学校、社会积极配合。我校胡老师针对班级学生家长素质普遍较高、家庭经济条件较好这一实际情况，及时召开家长座谈会，提议家长多利用双休日、节假日带孩子出去开阔眼界，回校后及时指导学生写作。山水花木、日月星辰在这群孩子的笔下栩栩如生。陶老师几十年如一日耐心细心地教导学生，一道闪电、一声巨雷，陶老师会及时指导学生欣赏；一只壁虎爬入课堂，陶老师会不失时机地与小朋友一起观察。老师们都用心地把握好每一个有利时机，一篇篇佳作纷至沓来。如：有的孩子在文中赞美雪的洁白，有的欣赏云的多变；有的感叹于秋叶的无私，有的被蚂蚁的团结所折服；有的热爱春天，因为它充满希望，有的喜欢秋天，因为它象征着丰收。我们努力做到：让万物生灵不仅仅存在于我们的世界里，更让它存在于孩子们的眼睛里。

二、开展活动，体验五彩生活

教师应高度重视课程资源的利用和开发，创造性地开展各类活动。孩子的生活经历少，丰富多彩的活动却能够让他们体验五彩的生活。1. 动手操作型。孩子们有一颗好奇心，爱动手。可以带着孩子们做手工制作、拼装模型、做科学实验。在动手操作中他们不仅增长了知识，而且有一个轻松愉快的心境，让他们把过程写下来也就轻而易举了。2. 游戏比赛型。孩子们天生表现欲望强。我校的王征老师就是一个孩子王。经常在班上开展各种竞赛，也喜欢和孩子们一道玩游戏，如扳手劲、猜谜语、拔河等。学生情绪高涨，体验深刻，再让他们把经过写下来也就水到渠成了。3. 劳动实践型。这一代孩子劳动实践的体验少，写这类文章缺乏真情实感，有的甚至是胡编乱造。王老师已53岁了，可带起学生来是十二分的投入，尤其在这方面的经验颇多，他经常带着年轻教师组织学生开展活动。清晨6：00起床生火，带大家包饺子；星期六带孩子们到农家菜地翻弄小白菜，在他的指导下，孩子们的文章情趣十足。4. 参观访问型。邹湘老师非常留意市政建设给我们带来的巨大学习资源，经常利用双休日的时间带孩子们观察"街心花园""广场喷泉""奇异建筑"……袁老师与家长建立了良好的人际关系，使家长也有了一种资源意识，一有什么好去处就及时与她联系。一起带孩子们参观"气象站""博物馆""兵器展"，孩子们从炮兵学院体验一天回来后，竟写出了《艰难的一天》《我是小小解放军》《队列表演》《看内务整理》等感受真切的文章来。在活动中，我们指导学生用眼看、用耳听、用口问、用身触、用心想。孩子们天性好动，在活动中才会有认识和感受，才会有把自己的认识和感受一吐为快的欲望。

三、关心时事，辨别是非善恶

孩子们的内心世界是一块净土，可他们生活的这个世界却是形形色色的。作为学生更需要关心学校、本地区和国内外大事。就共同关注的热点问题，收集资料、调查访问、相互讨论，能用文字、图表、图画、照片等展示学习成果。这既是对孩子们提出的要求，也使我们意识到，要让孩子们关心时事，让他们用"文字"表达对这个社会真善美的理解，学习辨别是非善恶。我校王美云老师就是这样一个有心人。在王老师的指导下，班上的孩子每人都有一个时事记录本，而且是人人天天做记录。这就为学生写作提供了素材库。1．捕捉生活镜头。启发孩子们不仅要用眼而且要用心去观察、感受我们身边的人和事。这些小事也能体现人们的精神世界，折射社会的真善美。2．留意社区变化。让孩子们多角度地观察自己生活的社区、城市，观察它的千变百态。如，随着小街小巷的改造，孩子们在文中祝愿"家乡明天会更好"。3．关心国家大事。"一带一路"、神舟飞天、抗击疫情、奥运盛事……一桩桩喜事让孩子们写出了慷慨激昂的文章《祖国，我为你自豪》。4．关注世界局势。让大家对共同关注的问题进行讨论。如，有的学生根据国际形势写出了《美国总统，我想对你说》《看国际局势》等文章。普通人、平凡事是我们习作的好素材，社会风貌、国际焦点也是我们习作的新热点。

四、扩大阅读，珍惜独特感受

入选教材的课文是有限的，而且在老师的讲解下"共性"的理解颇多。它远远不能满足学生的需要。作为孩子们的引导者，我们应该鼓励孩子们积极主动地扩大阅读。归纳起来有四条重要途径。1．阅读书籍；2．收看电视；3．欣赏电影；4．浏览网站。上至清丽的名家名篇，下至浅显的童话寓言。"书"是包罗万象的。尤其是进入信息时代，"书"不只限于以文字形式呈现。电视中的故事、电影中的形象、网页上的信息都是孩子们可以"阅读"的书籍。蒋老师是一位文学素养较好的年轻教师。她自己喜欢看书，也带动了班上的孩子们对书的钟爱。由于她与班上的孩子年龄相差不大，他们经常以朋友的身份上网查询信息，发表观点。这些资源是取之不尽的。这种阅读更是学生个性化的行为，学生在主动积极的思维和情感活动中，受到情感的熏陶，获得思想的启迪，享受审美的乐趣，丰富着自己的精神世界，我们要珍惜学生独特的感受。有位学生在读完《母亲》一书后，在文中写道："我常想，我该如何去回报这无私而又伟大的母爱呢！"观看完《小村庄的故事》之后，同学们在读后感中写道："1998年的那次特大洪灾给人们的教训一定是刻骨铭心的，但人们为什么不把它落实到自己的实际行动上呢？正是人们不断砍伐树木、不断乱扔垃圾、不断地乱用化学药品……大自然生气了。做了错事，就会受到惩罚。有句话说得好，法网恢恢，疏而不漏。自然界也有自然界的法网。我们只有一个地球，破坏了她，我们无处可去！"孩子们写出自己对文学作品的感悟、思考、体验与理解。这都是孩子们自己内心世界的语言。

五、发挥想象，向往美好情境

"鼓励学生写想象中的事物，激发他们展开想象和幻想。"这是"新课标"明确倡导的一条思路。在低年级阶段的目标中就已明确指出："写想象中的事物，写自己想说的话。"是的，知识是有限的，而想象力概括着世界上的一切，推动着进步，是知识的源泉。科学研究表明，我们每个人的想象力是无限的。而孩子的想象是最丰富的。编童话、想象未来，都是他们热衷的事。我们可以从以下四个方面鼓励学生大胆发挥想象。1．童话式。孩子们从小就在"白雪公主""青蛙王子"的童话世界里长大，喜欢把周围的一切事物都赋予人的语言、人的思维、人的情感。他们的思维往往出乎我们的意料。执教低年级的老师，可以充分抓住儿童的这一心理特征，利用口语交际课、队会课给孩子们讲故事，教孩子们编童话。《铅笔与橡皮的对话》《森林里的故事》《太阳·月亮·我》这些都是孩子们笔下的故事。在《娇气的小竹笋》一文中，一个孩子写道："小竹笋趁妈妈不注意悄悄溜到侧旁的小木屋里。它暗自庆幸。这会儿太阳公公、风婆婆、雨姑姑可都拿我没办法啦。"2．科幻式。孩子们心中充满着神奇的幻想。他们往往能把自己的想象发挥得淋漓尽致。在《未来的……》一文中，孩子们自由驰骋，有位学生写道："未来的手表功能齐全，就像小魔棒，你想要什么，只要按一下按钮，它就会出现在你的面前。它还能载着我们穿梭在时间隧道里。"3.给材料式。给学生提供一幅画、一段文字、一个观点等，让学生根据所提供的材料展开丰富的想象。如，扩写、续写、改写、看图作文都能很好地锻炼学生的思维，让学生把思维朝各个方向发散。我们要鼓励孩子们进行大胆创作，想说什么就写什么，想怎么写就怎么写，让孩子们打开思路，放飞想象的翅膀，一同走进神奇的幻想世界。让孩子们心中充满希望，向往美好的情境。

我们清楚地看到，老师们有了一种资源意识，能够运用积极的评价，引导和促使学生通过观察、调查、阅读、思考等多种途径，运用各种方法搜集生活中的材料，孩子们面对写作不畏难了，他们有素材，有话可写，甚至是怀着一种愉悦的心情在进行写作。我们会不断探索，让更多的孩子受益，让学生的语文素养真正在写作中尽情展现！

第五章

为班主任

　　有一首歌这样唱道：都说你是最小的主任，管着一群长不大的孩子；都说你是最大的园丁，画出我们成长的年轮；都说你是最大的官，管着未来的部长将军；都说你是最好的人，就像我们的父母双亲。歌里唱的就是我们的班主任。班主任的一个微笑可以让孩子释怀所有的委屈，一个动作可以让孩子放下所有的戒备，一句话可以影响他的一生。尤其是6至12岁的孩子，他们处于成长阶段的学龄期，道德观念、个性品质、自我意识、身心都将迅速发展。作为班主任，不妨带上满满的爱心、耐心与细心，见证孩子的成长，陪着他们慢慢长大。

让评语成为记录孩子成长的名片

　　写操行评语是班主任的重要工作之一。说它重要是因为这是每期的必选动作，而且它还需要班主任有智慧、有文笔、有情感。其实说实话，这项工作按照目前的思路真有点难为班主任了。面对班上五六十个孩子，每个孩子的每句话要不一样，每个孩子的这个学期和上个学期要不一样，于是，老师们绞尽脑汁。一个班教上一两年还行，有的从一年级一直往上带，到最后是真的情枯词穷了，于是又开始排列组合。"你是一个乐观向上的孩子""喜欢你的开朗大方"这样的评语放在哪个孩子身上都不会出错，放在孩子的哪一期都无关痛痒，但当孩子、家长读着这样的评语是否又真的有感觉呢？其实我们可以尝试着改变，尝试着让评语去记载孩子的成长脚印。

一、落在点上，做真实敏锐的观察者

　　每天我们都和孩子们在一起，这是我们最大的财富，因为他们的喜怒哀乐，他们的知情意行丰富而鲜活。我们只要做个有心的观察者，就可以捕捉到许多小浪花，这些就是孩子的真性情。记得听一节语文课，老师教完翠鸟的"翠"字要孩子们练习，反馈时发现许多孩子把"翠"字的最后一笔伸到了两个"人"字中间。老师讲解时要求孩子们注意这一竖，不然两个小"人"会生气的。可有个孩子却说：我们人与人之间是亲密无间的，如果这一"竖"伸进去会将他们两个人分开，他们会很伤心的。"生气""伤心"两种不同情感的表达却让我们看到了孩子内心的纯真。"生气"是指责，是迁怒，而"伤心"是在乎，是珍惜。讲得多好，这难道不值得我们捕捉吗！还有一次我在药店买药，碰到一个孩子怯生生地向我问好，我问他哪儿不舒服，他告诉我，这几天他们的班主任老师声音嘶哑了，上课特别费劲，他想送老师一盒金嗓子喉宝。我想，当这位老师收到孩子的这份小心意的时候，一定是幸福感动的。这样的细节、这样的镜头、这样的故事每天都在上演，而且随着年龄的增长，这些都是不可复制的。就让我们将观察点落在这些点上，无须面面俱到，无须泛泛而谈。用事实说话，敏锐捕捉。

二、记在平时，做真诚细腻的撰写者

大多数老师都习惯在学期结束前的两个星期着手评语工作。印象深的信手拈来，可大部分孩子仔细一琢磨还真不知道写什么。于是老师们八仙过海各显神通，有的要家长先写写自己的孩子，自己拿来参考；有的利用作文课要孩子们写写自己的同桌，从孩子的作文中间寻找素材；还有的老师写评语的那段时间，干脆把孩子叫到自己身边，边观察边写作。其实写评语工作的功夫在平时。课堂上有精彩的瞬间，下课时赶紧记录下来；活动中有不俗的表现，总结时记录下来；课间，看到不一样的小举动，信手写在班主任工作手册上。只要你有这个意识，你就会有关注点。只要你当时有发现，你动笔时就一定是真情流露。有的老师觉得每天在忙碌中茫然。尤其是到了期末，写总结、交表格、赶进度、抓复习……其实，我们不妨运用数学思维。还记得数学课堂上的 x 轴、y 轴坐标吗？我们手头上的工作也可以放进这个坐标系中，只不过变成"重要"轴、"紧急"轴，这样事情就分为"紧急重要""不紧急但重要""紧急但不重要""不紧急不重要"。有了这样的思维，事情再多你也可以游刃有余地从容排序。记录的时间不就有了吗？

三、意在将来，做真心祝福的守望者

记得阿里巴巴集团老总马云回母校参加杭州市长寿桥小学五十年校庆时，特意剃了个光头，露出头上的一道伤疤。他说这是感谢师恩的最好礼物。原来读小学时，他和同学打架，是孙老师送他去的医院，重要的是，一路上孙老师既批评他的不对之处，又夸他是一个诚实的好孩子。就是这一句"好孩子"，既保护了马云的自尊心，又给了他好孩子的自信心。我想，我们的孩子身上也有这些小故事，我们如果记录一个，更重要的是透过这些小事例，发现孩子身上的潜质、他们的潜力，我们就可以在孩子成长的六年里种下未来的种子。写时不仅有具体事例的描述，还要透过这个事例去赏识孩子、指引孩子。有时候我们的一句话将会直接影响到孩子的人生观与价值观。我想，当孩子小学毕业的那一天，当我们把这一学期一个的小故事串成一本小册子送到孩子手上的时候，我们将是这个世界上最真诚的守望者。

当我们一味强调评语的教育价值时，我们可以思考：评语为什么不可以是真实的记录、真诚的分享？面对孩子的六年，我们常规思维里的"定论"评价又有多少准确度和科学性呢？所以，不妨每期和孩子分享一个他的小故事、小动作、小眼神，孩子会感觉老师就在他身边，他住在老师的心坎里。

从细微处入手让教育有度

古语有云，"细微之处见风范，毫厘之优定乾坤。"一阵暖风虽轻微，却能带来春天的气息；医生诊脉，从望闻问切中查出端倪；警察断案，从蛛丝马迹中找出线索。教育更能在细微之处见真章。

一、细微之处最有温度

跑操时伸出的双手

每天的体育大课间，孩子做完一套操，体育老师都会组织师生参与跑操运动。这个环节可谓让老师们操碎了心。孩子们总是状况百出，要么速度过快，队伍脱节；要么挤在一堆，找不到节奏；有的班级队伍宛如一条游动的长蛇，弯弯曲曲，就是不在一条直线上。老师们也是煞费苦心，在队伍旁边指挥、催促、指责、鞭策……一刻也没停过。六分钟跑下来，孩子们情绪高涨，跑得挺欢，可老师们却发现自己的嗓子也哑了，背上也湿了，比奔跑中的孩子累多了。在这么多队伍中，我发现有一个班级的队伍跑得特别棒，孩子们踏着节奏，一个紧接着一个，没有嬉闹，没有追跑。原来他们的老师站在队伍的最前面，伸出双手，随着音乐很有节奏地在向孩子们点头，眼神中满是爱意。孩子们一个接着一个，一定会跑到老师身边，愉快地拍一下老师的手，然后绕到老师身后折返而去。就这么悠闲淡定的一个动作，孩子们有了期待！一定要坚持，跑完一圈，我就可以拍拍老师的手了！孩子们有了节奏！因为老师一直面带微笑地朝我点头，这是给予我最好的肯定，一定是在表扬我跑得真棒。孩子们有了规矩！不是随意选取折返点，顺便还偷点懒，少跑一点，因为老师在那儿，目标就在那儿！一定要从老师身后绕过去，让我们班级的跑操路线形成闭环。不得不说，这伸出的双手就是老师的智慧。

送路队时倒退的身影

每天放学，老师们都会送路队出校门。在这进进出出的队伍中，我发现有一个老师，每天她都是站在队伍的最前面，倒退着引领队伍到达指定地点。她说这样她可以看到每一个孩子，这样她才放心！她说这样她可以关注到那几个调皮的小家伙，随时提醒，这样她才安心！事实上，我也发现，每次她班上的孩子出来，就像鸡妈妈带着一群小鸡一样，画面是那么温馨。行进的队伍从来没有出现过打闹。等候的家长也从不会提前去打扰，他们总是能耐心地等到每个孩子站到指定的位置上，老师温柔地说了"孩子们再见，路上注意安全"，才会牵着孩子的手离开。这倒退的身姿，与其说是让老师自己放心、安心，还不如说是给予了孩子们一份安心。因为他们能始终看见老师的眼睛，眼神中流露的关心让孩子们心生宁静。可以让家长们放心，因为这是一种呵护，没有顾忌自己身后的一切，而是关注身边的这些小家伙，眼里、心里全是孩子。这样的老师家长愿意听从，愿意跟随。

教育的温度在于施教者心中有爱，以爱育爱。消除慌乱，建立自信，感受保护，在如沐春风中享受成长的快乐。

二、细微之处最有深度

课前仪式

经常巡课，有时候是课中去看看老师的课堂组织，有时候是一节课的最后十分钟去听听老师的拓展延伸。那天我早早地走进一间教室，想感受一下老师的开课情况。铃声一停，只见老师步入教室之后，没有常规的师生问好，而是有一位小男生拿着一本《格林童话》在讲台上绘声绘色地朗诵了一个小片段，别说，还真有朗读者的风范。接着一个、两个……连续有五个小朋友上台。有的胆怯，有的平淡，有的还挺生动。水平不一，参差不齐，但每个小朋友都能站在讲台上完成自己的一分钟朗读。课后与老师交流，他说，这是他的"课前仪式"。每节课，他都会拿出五分钟时间，每个孩子轮流上台。他说，他相信滴水穿石的力量，只要坚持，孩子们就能在这一分钟的展示中得到锻炼，落落大方，自信从容就不会是一种奢望！是的，都说成长就是一种感受，而感受唯一的途径就是体验。这一分钟一分钟积累的体验，会让孩子习得丰富的感受，这足以使他们成为更好的自己。佩服这位老师的举措，不是每个人都愿意拿出这五分钟。叹服这位老师的坚持，不是每个人都能每一件事重复地进行。课前仪式值得每一位学科老师去思考，比如数学课的口算五分钟、音乐课的开嗓五分钟……学科素养一定是量变到质变的过程。

雷锋宝盒

这个学期下到一年级班级去教他们的道德与法治课程，走进一个班的教室，发现讲台的侧面有一个用普通包装纸盒改装的整理箱，箱子的正前方用剪贴的方式张贴着几个装饰字：雷锋宝盒。里面装了大大小小好些东西。箱子不大，但衣服、红领巾、跳绳、橡皮……分门别类摆放得整整齐齐。老师得意地和我分享，原来她班上一个小朋友捡到了一支铅笔，送到了她的面前，于是老师表扬他是小雷锋，而且告诉大家，小朋友捡到了铅笔，就是雷锋铅笔。从此以后，班上有了许许多多雷锋铅笔、雷锋尺子、雷锋橡皮……这个"雷锋宝盒"就是孩子们美好品质形成的第一站。我想，孩子们弯腰捡起一张小纸片，你的及时表扬是不是也可以带动更多的孩子爱护身边的环境？孩子帮着同学把滑下肩膀的书包整理好，你的及时肯定是不是也可以让孩子们明白，帮帮同学有时候就是举手之劳？不忽视每个善良的小举动，你能从这些小细节中发现教育的契机，这种内化于心外化于行的力量比生动的说教强千百倍。

教育的深度在于教育人心中有法，当下我们做的一切，能为孩子幸福的一生奠基。

三、细微之处最有高度

调到一米线高度的黑板报

开学后的第一个月是学校班级文化的建设期，我习惯这个时间段到各班教室去转转，拍下一些美好的镜头，分享一些老师的小妙招。有一间教室引起了我的注意。教室后墙上的黑板报被人私自下移到了一米高的位置，与全校统一标准的高度显得格格不入。老师告诉我，每次出黑板报，孩子们都够不着，有时放张桌子，桌子上还要加一张椅子才能够到黑板的最上方。学校统一设定的高度虽然看上去美观，能让参观者赏心悦目，但孩子出黑板报时不方便，看黑板报时也不舒服。我从心里认定老师的想法是正确的，因为之前设定的标准高度压根不是孩子的视角。我微笑着拍拍老师的肩膀，自此，学校的黑板报根据年段的不同都进行了位置的下调。评比不是我们的目的，评选更不是我们的目标，我们希望在这一个过程中看到老师们为孩子着想的善良、为孩子思虑的智慧。感谢这位老师，这就是我想看到的在乎。一切的布置、一切的改变都是因为在乎自己的学生，在乎自己每一个孩子的感受。拥有这样的老师，我想孩子们是幸福的。

"小小书法家"评选方案

为引导学生感受汉字和书法的魅力，提高汉字书写能力，增强规范使用汉字的意识和能力，传承弘扬中华优秀文化，增强文化自信与爱国情怀，学校开展了"墨香传承，书写时光"活动，并相应出台了"小小书法家"评选方案。

学校为每一位孩子准备好配套字帖，每周一、三、五由班主任老师组织学生开展"午间习字"。每期期末结束，举行书写大赛，评选出年级前10名为"书写小进士"，年级前50名为"书写小举人"，年级前100名为"书写小秀才"。

在活动的开展过程中，有一位老师主动和学校进行沟通，她提出了自己的思考。她说，练字虽说看重最后的结果，写得好不好，但激发全体孩子认真对待每天的十分钟练字，过程中的努力与坚持更应被我们看见与肯定。可以将三点作为给予学生评价的标准，如正确的写字姿势：身直、头正、臂开、足安；正确的执笔姿势：运笔自如、不遮挡视线、移笔灵活；书写美观的汉字：横平竖直、笔画舒展、结构平稳。老师每天对学生的书写进行点评，并对书写美观的字及时进行圈画，统一用五角星标记。每期统计一次五角星数量，达到相对应的数量就能晋级到书写小秀才、书写小举人、书写小进士榜单中。老师说得很认真，并将她设计的一张小表格交给了我。

年级	书写小秀才	书写小举人	书写小进士
一、二年级	30	50	80
三、四年级	50	80	120
五、六年级	80	100	150

她说，这个数量她一个学期的尝试统计，是各学段的孩子需要努努力才能达成的。看着这张小表格，我望了一眼老师，她会意地一笑，说："是的，这样老师会辛苦很多，但我相信，最终的效果一定会带给我们惊喜！"最后她还补充道："我建议统计与评选放在每个学期的开学第一周，因为孩子们平常练习的进度不一，期末若字帖仍未书写完，可作为假期作业继续完成。"一点思考折射的是老师的教育情怀，一切为了孩子的成长；一点思考见证的是老师的教育常识，用发展的视角看待每个孩子的进步。

教育的高度在于教育人心中有人。每一个孩子都是独特的生命个体，值得我们去关注，去为每一个孩子提供绽放的机会。我们要做的就是找到每个孩子的原点，然后看着他启程，为他迈出的每一步鼓掌、助力。

四、细微之处最有宽度

坚持不带"小蜜蜂"

开学的前三周，按照惯例我都会下到班级听常规课。一连几十堂课听下来，我发现一个共性的问题：几乎所有的老师都佩戴了"小蜜蜂"进行授课。但有一位老师，自始至终都是用自己的原声状态给孩子们上课。课后我与这位老师进行了交流。在她的课堂里，听课者很舒服。老师的声音谈不上是天籁之音，但清晰响亮，不夹杂电流的吱吱声，也没有音响共鸣后的嗡嗡声。尤其是当老师情绪在线，有激动的评价、有欣喜的表扬之时，学生不会被突然加高分贝的声音惊吓到。学生更多地接收到老师眼神、表情、动作中的肯定与赞赏。她说，从第一天有这个"小蜜蜂"开始，她就拒绝戴上这个小型扩音器上课。正如大家给这个小小扩音器取的名字——"小蜜蜂"一样，还真是名副其实，这个"小蜜蜂"嗡嗡作响，整间教室的每个角落里回荡的都是老师的声音。可这声音少了些许温度、少了些许温柔，无非只是音量大了一些。这位老师始终觉得它无法传递自己要表达给孩子们的那份情感。我不知道，这种被动接收到的声音，孩子们听进去了什么，听进去了多少。我也可以想象，孩子们一天五六节课下来，如果每节课听到的声音都是通过这个小型扩音器传送出来的，孩子在这聒噪的环境中忍受的是什么。最后就是麻木、漠视，就是你的声音大一分贝，我的声音就要大两分贝，通过提高音量来互相压制，换来的是孩子已经忘记了如何倾听。她班上的孩子正用更为安静的课堂回报老师的这份为孩子思虑的善心！

满天星小屋

那天，我忙到天黑才准备离校回家，出校门时正好碰上几个年轻的班主任送走最后几个没按时来接孩子的家长。边走边交流中，我问她们："平常都会有这么晚才来接孩子的家长吗？"老师们点点头。我交代："那不行，要和家长交流。从放学到离校这么长的时间，孩子逗留在学校很不安全！"老师们赶忙解释道："该交流的我们都和家长谈过了，但有些家庭确实是有实际困难，我们也能理解，所以会交代孩子在传达室等候，一般情况我们也会等到最后一个孩子离校我们才回家的。"可能平常也很少有机会交流，一位老师先开口表达："校长，我们一直有个想法，能不能把学校靠校门的这个楼梯间布置一下，让无法按时回家的孩子能有个安心等候的小地方。""我们学校确实有一些务工子弟，父母起早贪黑，无暇顾及他们，有的还偏偏住得离学校远。"另一个老师补充道。我欣喜地看到，这样一群90后班主任，自己还需要家人照顾，可内心却有着为家长考虑的善良。这份善良足以为她们赢得家长的信任、理解与支持。一个月之后，"满天星小屋"在大家的齐心协力之下大功告成。矿泉水瓶拼成的图案粘贴在墙面上，成为孩子们放各种水彩笔的小笔筒；一字排开的小布凳，前面还放置了可以折叠的小台面，孩子们可以写写画画；拐角处放上了孩子们自行捐赠的各种书籍，席地而坐就是一个安静读书的"小书窝"……这已成为孩子们放学后的小小避风港，孩子们开心地称之为"满天星小屋"。

教育的宽度在于教育人心中有情。有缘相识，就有情义在，相互关切，彼此照应，一声问候，一个微笑，都能让我们的周遭温暖而美好，使人心向善，胸襟开阔，唤醒善根。

欲要成事，方得细微之处见真章。日常微不足道的细节，总是微妙地传递一些信息，一个教育人的情怀！

一例儿童孤独症矫正实谈

儿童孤独症起病于婴幼儿期，属于广泛发育障碍中的一种类型，极端孤僻，与人缺乏情感联系，言语障碍，刻板运动和对环境有奇特的反应。最早由Kanner于1943年描述此病，许多学者从不同的角度探讨其原因，也有少数找到某些生物学基础，但导致孤独症的原因，目前还不明晰。针对我国独生子女较多这一实际，很多孩子性格越来越孤僻，他们不会与人交往，故希望能通过这一案例，从中探究行之有效的方法，培养孩子们健康的心理。

敏敏（化名），女孩，12岁，湖南常德人，知识分子家庭，父母感情良好，家庭经济条件殷实。3岁之前，语言、行为等发育均正常，孩子3岁那年，父母从常德调到长沙，由于方言差异，孩子在幼儿园很少与人说话，一次正碰上老师与校长吵架，把一筐碗砸到地上，孩子受到惊吓。一个月后，家长才发现孩子不会讲话了，治疗后，语言能力有所恢复，但不连贯，父母没有重视，中断了治疗。7岁上学后，孩子表现异常。她母亲却一直错误地认为是孩子不听话，经常用皮带抽打孩子，强迫其学习，高压加速了孩子的"崩溃"。经过全面的医学、心理检查，诊断为"儿童孤独症"。

作为孩子的老师，在日常生活、学习中我留心观察，发现她表现出以下一些症状：

1. 对周围的人缺乏情感联系，回避与他人目光接触，不与外界交往，惧怕他人靠近，不能与其他孩子建立伙伴关系，表现为交往存在障碍。

2. 只能使用简单的字、词，发音不清，言语的声调、速度、节律、重音异常，表现为语言存在障碍。

3. 生活不能自理，只会简单的加减法，记忆一些简单的字、词，表现为智能存在障碍。

4. 常发出尖叫声，哭喊时常咬伤自己的双手，双手常抖动，经常进一步退三步地重复动作，喜欢上一样东西就有一种依恋，对个人生活环境不愿做任何变动，表现为行为方式存在异常。

作为教师，面对这样一名特殊的儿童，我用爱与她那孤寂的心灵交流，用爱领着她走出封闭的自我空间。

一、携手家长，配合医生

首先，我要求家长彻底改掉以前的教育方式，不准打骂，以关爱为主；在学习上先放松对她的要求，先建立起她对人的信任；每天我们要沟通一次孩子的表现情况，并注意纠正她的病态行为和其他不适应行为；每周星期一，带孩子到医院做治疗，我每周填写一份"行为反应对比表"，定时向孩子的主治医生李教授反映情况，接受方法上的指导；父母要监督小孩服用氟哌啶醇，改善孩子的刻板自伤行为。做到家庭、学校、医院三者结合，从特殊训练、家庭计划、药物疗法三个角度，为孩子制定了一套综合治疗的措施。

二、亲和关注，取其信任

我利用一切机会，主动地亲近她，留意她。我发现她喜欢缩在座位的角落里，每次写作业，抓笔的手总是来回抖动，只要有人接近她，她都极力往后躲。在观察中，我发现当她与人在1米以外的距离相处时，她能勉强接受，我尝试着在这个距离外教她写拼音、练发音，并慢慢缩短这个距离，有意识地握握她的手，摸摸她的头，正当我惊喜于能和她接近时，她对班上同学们的反应却越来越强烈，别人越是想接近她，她就越躲闪，终于有一次，孩子们齐读课文，她突然在底下撕心裂肺地尖叫起来，双手不停颤抖，牙齿在手背上拼命割咬。以后，只要教室里的声音闹一点，她都会做出同样的反应，只要感觉外界的压力大一点，她就会不自觉地冲到教室后面，进一步退三步地重复这一动作。她的表现极大地打乱了课堂教学。为了不影响正常的教学，整整半个月，我每天都站在教室外，只要她一有反应，我就紧握她的手，把她带出教室，亲和地问她原因，舒缓她的情绪。从观察中分析发现，第一，她对强烈的声响敏感，第二，她对靠近她的人敏感。班上的孩子都是友善地想和她玩，可她却感觉靠近她的人会给她带来危险，她判断不了他们的善与恶，对有限的接近她可以通过躲闪来回避，可次数多了、时间长了，她的危机感、压迫感就越强，到最后，只有通过叫喊来发泄心中的恐惧。可能是每次与她交往我都没有带给她危险，从她那惊恐的目光中，我看到了她对我的信任，我叫她名字时，她也能乖巧地牵着我的手，与她讲话时，她也能简单地说一些词，我知道，我赢得了她的信任。

三、协调各方，营造氛围

敏敏最终要学会的是与人相处，这个最好的训练环境就是学校，就是班级。首先我想到的就是让班上孩子能够接纳她，为此，我特意开了一个名为"我们来做你的哥哥姐姐"的班会活动。在班会上，我拿出了敏敏的几幅画展示给大家看，那调和的色彩、大气的笔调，赢来阵阵掌声，此时，我告诉大家："这些画都是敏敏画的，其实她也是一个聪明的孩子，只是在她很小的时候，受过一次惊吓，所以她总担心别人会欺负她。"这时，可爱的孩子们都纷纷发言要当她的哥哥、姐姐，要帮助她。这次班会收到了良好的效果，就连平时调皮的周同学在她面前都表现出一副小哥哥的模样，而平时同学们听到别班的孩子针对她说三道四时，总是愤愤不平，或者替她解释。敏敏有了一个包容她、理解她的良好环境。可面对同行，尤其是配班老师的误解时，我却显得毫无说服力。为了能使其他的老师也理解敏敏的行为，我从李教授那儿借了一本厚厚的心理学专著，从中详细了解有关孤独症的种种症状，把理性、科学的解释讲给老师们听。在我的努力下，老师们也认同了我的看法，我赢得了来自各方的支持，为她营造一个融洽和谐的生活氛围。

四、扩大接触，巧抓时机

我按照既定的规划，日复一日地给予她关爱与呵护，慢慢地，她"发作"的频率明显降低，一周之内只有那么一两回了。更令我高兴的是，她有时还能主动地去逗惹他人，上课时，有时候，突然下位用铅笔头扎前排任彬华的屁股，有时，还使劲拧同桌许华君的手，或用水壶的绳子套他的脖子，每次得逞时，她都开心得咯咯咯地笑。老师们愤怒地说她越来越"疯"了，被弄疼的两位同学也时常眼泪汪汪地向我哭诉。正当我束手无策时，我发现，每次她惹的都是这两位同学，而这两位同学特别容忍她，每次弄疼她们，都不还手，反而怕她受伤。敏敏在她们面前没有任何压抑感，其实她是想和她们玩，很喜欢她们，但却不知如何正确地表达自己的这一情感，而采取了偏激的手段。我找到这两位同学，首先肯定她们对敏敏所付出的关爱，并教会她们学会适当保护自己，鼓励她们下课多与敏敏交往，教给她一些简单的游戏。在巩固了她的接触源后，我逐步扩大她的接触面。我找到与她住在同院的郑媛君、刘益沙，让她俩完成作业后，多在院里和她一起玩耍。同时，我常找敏敏谈话，她已能用一句完整的话回答我的问题，有时还告诉我她喜欢和班里的哪些同学玩，慢慢地，她的接触面越来越大，虽然她的反应由畏缩转为攻击，而我却高兴于她由被动躲闪变为主动接触，她有了想与人交往的意愿了。下课时，我们偶尔听到她爽朗的笑声，而此时，她上课的表现更有了质的飞跃，她偶尔也试着举手发言，每次我都抓住时机，让她回答，同学们也总是给予她鼓励的掌声，而当她也同其他孩子一样领到小红花时，我看到了她眼中按捺不住的欣喜。有时，她也能给同学们讲故事，尽管哆哆嗦嗦，尽管有些自言自语，但孩子们和我一样，都为她的表现而激动。

五、强化要求，培养兴趣

在大家的齐心努力下，敏敏对强烈声响、对人的恐惧大大减轻。语言从过去的单词变为一句完整的话，进而变成一段话；行为从过去的刻板性动作变为主动性接触；由过去的哭喊咬叫变为毫无顾忌地大笑，大声说话。对她来讲，很明显，封闭的自我空间正向大家敞开。但所有人的容忍却助长了她的肆无忌惮，此时，我慢慢强化了对她的要求，让她必须做到上课的一般常规，"问好、起立、举手发言、不随意下位……"有时，她的反应过激时，我同样严厉地批评她，让她知道哪些该做，哪些是不对的，我把她和其他孩子一样看待，无论是最实际的算考试平均分，尽管她一人至少要拉下班级平均分两分，还是星期六上二课堂，我都算她一份，带她看晨练，赏夜景，游公园，观展览。当其他老师劝我多省一份心时，我却认为，我要多费一份心，让她多接触大自然，多开阔眼界，让她也觉得自己和其他孩子一样，多一份自尊与自信。孩子的天性都好玩，当我发现她对自行车感兴趣时，我让她的父母尝试着培养她的兴趣，教她骑自行车，孩子的父母也反映她确实很感兴趣，每次骑车都很开心，家长还高兴地告诉我，现在她也能够好奇地向父母问一些"为什么"，也能用语言正确地表达自己的感受了。

功夫不负有心人，我们用爱开启了一道紧闭的心扉，用爱领着她走出了封闭的自我空间，她有了明显的变化：

1. 扩大接触交往面，能与其他孩子建立伙伴关系，能对集体的欢乐产生共鸣。

2. 能用语言与人交流，遇到不知道的能主动提问，能有感情地背诵文章。

3. 改掉了重复动作、刻板行为，能建立起对事物的良好兴趣，日常生活方式及内容能稍做变动。

可喜的变化引来的是更多、更全、更深的思考，分析敏敏的种种症状，我概括为以下三个方面的原因：

1. 认知缺陷因素。心理认知缺陷导致对他人精神状态的理解能力受到损害，常错误理解别人有意识的行为，甚至对待人就像对待无生命的物体，进而导致社会交往能力的缺乏。

2. 环境变化因素。环境的变化抑制了她与他人的交往，进而使其丧失了与人交往的能力，语言功能出现障碍。

3. 家庭教育因素。"鞭打式"的教育方式，让其误解所有人都想伤害她，拒绝他人靠近，外界压力过大时，就表现出嘶叫等异常的行为。

在面对敏敏这一特殊孩子时，我成功地运用了系统脱敏法，让孩子由"少"到"多"，由"窄"到"宽"地与人接触，与外界交往，

建立起了她对人的信心。在此过程中，我通过行为疗法强化其刻板性
行为，使其改正；运用正向激励法鼓励其建立自信心，用爱感化一颗
孤寂的心。从中我也更加坚信，孩子的任何行为都是可以变化的，老
师应该树立信心，努力探求更多的方法，让更多的孩子受益。

以爱的名义

雪化时那滴浅黄是你，虽不澄澈却也清亮；

出芽时那叶果绿是你，虽不葱茏却也润泽；

风起时那朵浅蓝是你，虽不激荡却也奔放！

一束一束的花开，你可能残缺了花瓣一片，

但仍可以在风中摇曳，雨中翩然，阳光下傲然而立！

一颗一颗的星耀，你可能暗淡了光亮一束，

却仍可以在空中闪烁，云中辉映，宇宙里熠熠生辉！

一首一首的诗吟，你可能迷茫了方向一回，

竟仍可以在苦中逆袭，痛中化蝶，生命里拔节向上！

你是爱，让我们从关注中学会接纳；

你是暖，让我们从拥抱中感受给予；

你是希望，让我们从发现中感知确幸！

是的，

也许你就是一只小蜗牛，一只走得慢一点的小蜗牛，但你一步一步地坚持，让我们相信一切都刚刚好！

是的，

也许你就是一棵小草，一棵长在泥泞中的小黄草，

可你一次一次地坚强，让我们燃起对生命的敬仰！

面对别人的不解，欣然接受，

面对异样的眼光，不必放在心上，

或许得不到认可，但今天要比昨天好！

或许看不到进步，但心中要怀抱希望！

面对不满，面对失去，目光里永远有光！

感谢你们从另一个角度折射太阳的光辉，

感谢你们从另一个层面解读世间的善良。

请相信，

在未来，你们一定会邂逅更加美好的人与事！

那就让我们以爱的名义宣誓：

没有偏见地靠近他们，

收起我们习以为常的冷漠，给予身边的他们善言义举，

让他们的生命不被武断地宣判，

让他们的生活充满阳光！

第六章

为策划者

　　孩子们的校园生活除了规范严谨的课堂学习，就是丰富多彩的各项活动了。还清楚地记得我教育生涯策划的第一个活动——"让我们拥抱地球"，这是我第一次感受到我在学校里不仅仅要上好课，还应该是一个活动的策划高手。从一个班的班队活动，到一个年级的特色活动，再到涉及全体师生的主题活动。小到一个开学典礼，大到一场全员展示，站位、统筹、推进、执行……在一次次实践中，我突然悟到：活动的背后是策划，活动的背后是文化。任何时候，我们教育人都要做有灵魂的策划者。

站在孩子的立场

——由一份"游艺活动方案"引发的思考

每年的元旦前夕，学校都要举行孩子们钟爱的"游艺活动"。有"钓鱼""蒙眼敲锣"等传统项目，也有"心有灵犀""我是神枪手"等与时俱进的时尚游戏，老师们精心策划，孩子们忘我投入。大队辅导员拿出了拟订的方案，按照惯例，我们在行政会上进行审议，大家似乎没有任何建议。我知道大家已经习惯了这份执行多年的方案，毕竟这么多年以来一直是这样操作的，一切都风平浪静。拿出来讨论充其量也只是想做些微调，不愿触及无法预测的领域。我畅谈了几点自己的看法。

一、出发点是基于孩子

以前谈"学生观"，现在谈"学生本位"，其实任何时段，我们提出的关键词虽然在发生改变，但核心思想却始终如一。作为教育者，我们思考任何问题都要站在儿童的立场。

1. 体现愉悦过程。"游艺活动"的初衷就是希望孩子们能够放松，在活动中放飞自己的天性。尤其是处于成长中的儿童，很多东西不是靠坐着认真听就能学会的，需要在实际中去体验、去感悟、去习得。仔细阅读我们这份方案，虽说有十几个项目，但相似度很高。很显然，项目是由老师们自下而上提交的。老师们无非是考虑准备工作要简单，实施操作要轻松，所以可以看到"夹气球""夹弹珠""丢筷子""套圈"等都是简单动手操作游戏，老师们没有投入太多的智力因素，复制粘贴的嫌疑过大，充其量就是道具改变了一下而已。试想，一个下午的活动都很类似，孩子们会感觉重复，进而失去参与欲望。在相互交流的过程中，也会索然无味地告知同伴，"差不多，没什么好玩的！"在这一点上，一定要事先出台整体思路，考虑游艺项目的丰富性。既要有测思维反应的，又要有看肢体协调性的；既要有测知识储备的，又要有看临场发挥的。在总体布局的前提下，老师进行分工，提交不同层面与角度的游艺项目，让孩子们能真正乐在其中！

2. 强化规则意识。经常在很多场合听到这样一句话，"我们要遵守游戏规则！"可见，游戏是最讲究规则的。一个看似不起眼的活动策划，却是我们渗透规则意识的最佳途径。如果说游艺项目的内容要讲求丰富性，那游艺项目的规则就要做到精细化。孩子如何参与这个游艺项目，表述的形式不要用成段的文字，可以采用列条目的方式，用一、二、三来表达清楚。每一条要求，该做什么，该怎么做，讲清底线。表述的顺序更不能随意，因为这就是孩子参与的程序，这样有助于孩子在参与活动之前就做好安排。比如套圈游戏，规则可以这样表述：1. 从裁判长手上领取5个圈；2. 呈单行站队依次参与；3. 在离物体3米处投圈，踩线不计成绩；4. 套中3个可到协助员处领取奖券1张。

每个游艺项目的规则表述都能指向清楚，执行到位，孩子们就会明白：规则是一定要遵守的！

3. 渗透合作意识。合作能力是新世纪现代人必备的基本素质之一。只有从小具备了合作意识，才能在将来的工作中集众人的聪明智慧造就辉煌。游艺活动的可选择性则更大，是培养孩子合作意识的好时机。比如说，活动前的准备就可以有意识地进行分工合作。孩子个体存在差异，他们有的活泼，有的内向，有的能说会道，有的动手能力强……教师充分考虑学生各方面的差异进行均衡搭配。有的组负责环境布置，有的组负责道具准备，有的组负责现场调度，有的组负责事后清理……让孩子们各司其职，分工合作，出色地完成任务。比如说，游艺活动的参与形式，不要总停留在单打独斗的基础上，可以设计一些必须3人及以上合作才能完成的项目。现在的孩子被大人照顾着，包容着，忍让着……潜意识中已经形成"我要怎样就怎样"的任性。活动是最能体现合作的。所以在策划每一次活动时，要悄无声息地创造合作的机会。

可见，以生为本的思想不只是渗透在教师的课堂上，更要渗透到学生的活动中，渗透到每一位教育人的骨髓里。游艺活动的设计不是简单地请老师递交上来，我们做一个整合就行。必须从全局的角度出发，综合考虑入选的项目，体现儿童特点，巧妙地渗透一些意识的培养。

二、掌控度是不牵绊孩子

我们总在替孩子设计这样那样的活动，其中有多少是孩子喜欢的？有多少是合理的？又有多少考虑过孩子的想法？更多时候我们可能想到的就是"管住"孩子。

1. 时间安排不要太细化。我们来看看方案中的时间安排：2：00全体学生操场集合；2：10～3：10低段在一、二楼场地参与活动，高段在三、四楼场地参与活动；3：10低、高段交换场地活动；4：10结束游艺活动；4：30结束兑奖；4：45结束环境打扫；5：00按时放学。整个时间安排看似非常严谨，一下午的时间安排得井然有序。可实际操作肯定会力不从心。因为你的环节越多，出差错的点就越多。本想让孩子规规矩矩地在我们设定的每个节点上做我们认为该做的事情，实则是不切实际的理想主义。应该给予孩子们一个活动范围，而不是一个点。就像孙悟空为大家在地上画的圈，只要在圈内怎么活动都行。假如孙悟空给唐僧师徒画的是一个一个的点，我想，即便是唐僧也没办法规规矩矩地站在点上。这个时间表只要标注三点即可：2：00全体学生操场集合；2：10～4：30游艺活动，自由兑奖；5：00结束环境打扫，放学静校。2点要集合，5点要静校，这两个时间点掌控好，至于中间的环节，什么时候在哪儿玩，什么时间兑奖我们无须考虑得那么周到，孩子们自有孩子们的安排。如果说是出于安全考虑，那我想不应在时间安排细化上做文章，而应在组织有序上下功夫。

2. 兑奖明细不要太密集。一张奖券可以领到橡皮、铅笔；两张奖券可以兑换卷笔刀、水性笔；三张能领到笔记本……十张可以换取球拍……二十张可以得到高档书包！从一张到二十张，方案上写得非常翔实。看见这么丰厚的奖品，行政人员都激动不已，大家觉得孩子们肯定会乐坏的。可问题的关键是，我们只是想让孩子获取想要的奖品吗？兑奖标准的翔实恰恰是这份方案最大的缺憾。因为孩子已经不需要有任何思考，一一对应就行。相反，如果我们设置的兑奖标准不这么密集，一张、三张、七张、十张，跳跃着列出兑换标准，孩子们的选择性是不是更大？我们只要将每一档次设置的奖品丰富起来，就能调动孩子们好好利用手上的资本，创造最佳的利益。

3. 禁止条目不要太繁多。在这份方案的末尾，赫然写着这样一句话：学生不得私自拼凑奖券，一经发现，没收所有奖券。代价之大足以震慑每个孩子，谁也不敢越雷池一步。我询问大队辅导员："为什么你会有这个考虑？""高档的奖品不多，一拼凑一下就会被兑换掉，后面的孩子就没兴趣了！"考虑很质朴，既为弱势的孩子着想，又考虑到了学校的资金安排。我笑着肯定他的周全，但这一句话又将孩子的能力发挥限制了。有拼凑就会有交流，有交流就会有合作，有合作就会有分配，有分配就会有沟通……一句话，我们丧失了多好的润物无声的机会！归根结底，还是我们考虑问题的出发点不对。心里装着孩子，一切从孩子的成长出发，我们就能找准解决问题的抓手，而不是简单地禁止、制止。管得过死，控制太多，就是在束缚孩子自主特色的选择余地和个性发挥的空间。禁止实际上是在剥夺孩子的权利，怕出现不可控，这是教育的不作为。

三、落脚点是给予孩子

很早就有这么几句话：为了孩子的一切，为了一切孩子，一切为了孩子。仔细分析可能有些绝对，但至少它倡导的是育人为本的理念。作为教育人，就是要将我们的教育意图，渗透在方方面面。课堂教学也好，活动设计也罢；音容笑貌也好，举手投足也罢。一切，我们都可以把它看成"课程"，越不露痕迹，它的教育效果就越好。

1. 统筹能力的培养

在学生参与活动的过程中，每个孩子的认识、能力、年龄等多方面存在差异，使许多孩子们不能完全地把握整个活动。就像我们的游艺活动，看似有整整一个下午的时间，可有些孩子可能只能玩一两个游戏，这就需要我们老师事前介入。所以2：00全体学生操场集合这个环节不仅仅是强调纪律、宣布活动开始，更重要的是提前预设一些可能出现的情况，给予孩子提醒与方法指导。首先，教会学生看方案。让学生清楚每个游戏的玩法和所在的区域、奖品兑换的要求和品种，自己在看方案时就理出大致的思路，先参加什么再参加什么，手上有多少奖券的时候可以开始兑奖。其次，学会灵活机动。游艺活动开始后，往人少的地方去，往节奏快的地方去，根据实际情况调整参玩的项目。如何玩转一个下午，尽可能多地参加项目，又能在恰当的时机兑换到心仪的奖品，这难道不是培养学生统筹能力的好契机吗？关键是我们要引导孩子有章法地这样去做。

2. 思考能力的锻炼

我们常说，孩子在玩就一定在动脑筋！解决问题的根本就是思考力，而思考力就是在日常生活中、学习中不断锻炼出来的。就像我们的游艺活动，为什么建议兑奖明细不要太密集，就是要留出思考的空间给孩子。假如我们只设定了2张、3张、5张、10张、15张，五个档次的兑奖票数，那么手拿7张奖券的孩子就会思考：我可以拆成2张和5张，也可以拆成2张、2张和3张，或者再集3张就可以兑换更高一个档次的奖品。手拿10张奖券的孩子，他可以有4种方式去领取奖品：拆成5个2张，拆成两个2张和两个3张，拆成两个5张，直接领取10张奖券可换取的奖品。根据所需最大限度地优化自己的奖券，这比在课堂上做几道思维训练题要有意义得多。

3. 协作能力的践行

现代社会的人都不是孤立的，沟通、交流是现代人最基本的素养。哪怕是一个小小的游艺活动，也能成为教育的契机，让孩子的天性自由生长！为什么建议不要制止孩子拼凑奖券，因为拼凑奖券就是一个团队组建的过程。他们有共同的团队目标：赢取高品质奖品。他们有分工合作：有的负责玩游戏获取奖券，有的负责通报信息，观察哪里人少，计算还要争取获得几枚奖券，有的负责排队争取游戏机会。他们还要进行利益的再分配。我们来看看团队的定义：由员工和管理层组成的一个共同体，有共同理想目标，愿意共同承担责任，共享荣辱，在团队发展过程中，经过学习、磨合、调整和创新，形成主动、高效、合作且有创意的团体，解决问题，达到共同的目标。我们的孩子将来走向社会，就是在团队中工作，有的甚至会组建自己的团队。这不是一个很好的实战演练阵地吗？即便是在过程中有点摩擦，出现分配不均，那不又是一次培养解决问题能力的机会吗？

"处处留心皆学问！"当我们做个有心人，很多时候我们传递的就是在校园生活的点滴中去滋养每一颗种子。只要我们不人为地设置栅栏，它就一定能向阳生长！

在不断追问"元问题"中寻求改变

——由一次"体育大课间"训练引发的思考

这个学期，全区开展"体育大课间"评比，体育组的老师铆足了劲儿，希望带领全体师生取得优异的成绩。人手一份奖品，不可谓不支持！老师们一人负责一行，不可谓不到位！孩子们眼睛炯炯有神，不可谓不认真！可一天的集中训练下来，体育老师只感觉效果不好，一遍又一遍地鼓励孩子们再来一次，却始终出不了效果。我停止了老师们的倾力训练，建议在追问"元问题"中寻找答案。所谓"元问题"，是指事物发展中最基础或根源性的问题，其他问题都由这一问题所决定和派生出来，这一问题不解决，其他问题无法迎刃而解。

一、遵循事物规律

随着《运动员进行曲》响起，孩子们迈着坚定的步伐迈入操场。从细节上看，每个人踩着音乐的节拍，昂首挺胸。可整个队伍，有的地方紧，有的地方疏，缺乏行进中的流畅。指挥的老师不停地提醒低年级的孩子把步子迈大一点，孩子们也尽全力赶上队伍。大家的努力与反复训练使这个环节有了改观，可行进中却少了一分从容。纵观整个队伍，其实不难发现，问题的根源在于出发的顺序不对，当我们把高年级排在整个队列的前面时，势必会使跟在后面的低段孩子要追赶前面的同学。每个人，自然状态下迈出的步伐基本是不变的。要低段去追赶高段学生的步伐，显然比要高段的学生压住步子，合上低年级孩子的步伐难度大很多。分析原因，解决行进中的问题，就是调整队伍的出场顺序，低段学生在前，高段学生在后。由高到低，从简到繁，一定要遵循事物的规律。就如现在流行的这个笑话：如果你说你是一个学者，开了个公司，会被鄙视，别人会认为你俗，真是斯文败类。可是如果你说你是一个商人，经商之余还钻研学术，别人会肃然起敬，尊称你为儒商。这和我们的"屡战屡败"与"屡败屡战"有异曲同工之妙，所以顺序特别重要。

二、不留选择余地

当全体孩子精神抖擞地站立在操场上时，老师下达的第一个指令就是立正。这个动作到位，全场的精气神可以淋漓尽致地展现。可面对成百上千个个体，如何达到整齐划一呢？我仔细聆听了指挥员的口令。他声音洪亮地喊出"立——正——！"孩子们的反应有快有慢，有的在"立"字上抬头挺胸，双手夹紧贴于裤缝，有的在"正"字上做出反应。很显然，老师的口令给了孩子们两个反应点，每个人选择的反应点不同，当然没法整齐划一。我们提出建议，请老师将口令改成：

"立正——！"并告诉孩子在"正"字的拉长音结束时，抬头挺胸，目视前方，双手五指并拢贴紧裤缝！只是一个口令的改变，就让我们瞬间看到了震撼全场的效果！步调一致，就是不给选择的余地，有选择就会有犹豫，有犹豫就会有先后，必须不折不扣地在点上完成规定动作。你的坚决就是在告诉对方不可迟疑！

三、给足缓冲时间

"转体"是整个大课间评比的第一个重要环节。两次向左转，两次向右转，一次向后转。整个过程在三十秒内一气呵成。指挥员声音高亢，出于思维定式，孩子们已经不假思索就知道先往左转两下，再往右转两下，最后一下向后转。确实，我们已经看不到有转错身的孩子，但每个转身都拖泥带水，动作缺乏干净利落之感。原来，指挥员也是条件反射地下达口令：向左转！向左转！向右转！向右转！向后转！和孩子犯了同样的错误，都是在一种惯性思维当中完成动作，自然缺乏紧迫感。我提议将口令换成：向左——转！"向左"是向学生传达一种讯息，我们要开始行动了，请每个孩子集中注意力，"左"字的音，指挥员可以稍加变化，可稍长一点，亦可稍短一点，这样可以避免学生条件反射地自动转身。同时也是告诉学生，每次转身你都要认真听口令，"转"字一出，大喊"一！二！"，再完成转身。果然，当给予学生缓冲的时间时，孩子们反而注意力高度集中，整个转身动作不像一条绵长的曲线，而是一条有休止符的五线谱，有了律动的节奏感，让人赏心悦目。

四、讲清要求标准

"绳操"是我们的自选动作。老师们很用心地将跳绳四下对折，并用胶带缠紧两头，这样便于孩子们拿取，长度也适合完成整套绳操动作。可在拿绳这个环节就遇到了瓶颈，孩子们的姿势五花八门，指挥员在台上反复强调："大家把绳子拿好，拿好听到没有！"很显然，"好"只是"要求"，所谓"要求"是指提出具体愿望或条件，希望别人做到或实现。而指导学生需要的是讲清"标准"，"标准"就是衡量事物的准则。你这个动作是否到位就是对照"标准"来检查，而且"标准"必须细化到每一个点。比如，立正姿势两手怎么放？"手指并拢自然下垂，贴于裤缝！""两臂自然下垂，手指并拢自然微屈，拇指尖贴于食指的第二节，中指贴于裤缝！"在这两种"标准"之下，做出来的动作会有天壤之别。所以很多时候我们只知道责怪学生不听话，殊不知，我们只在讲"要求"却没有说清楚"标准"。明晰了这一点，指挥员很快整理出拿绳的动作标准，难点迎刃而解。

五、排除人为障碍

"跑操"环节，老师们可谓别具匠心，将整个队伍设计成"蝴蝶"的形状。从高空俯瞰，灵动而大气。唯独中间有两个圆，不尽如人意。在操场的中轴线两侧，老师提前在地上画了两个圆，孩子们跑圈时只要踩在线上，呈现的图案就非常形象。可这毕竟是流动的画面，孩子们跑动起来，有的跟随紧凑，有的落下一截，整个圆圈稀疏不一，成为败笔。老师们只认为是孩子们训练得太少，还没有掌握跑圈的步调与步伐，多训练应该能解决这个问题。按照这个思路，我们单独留下了跑圈的孩子们，详细地告诉他们动作要领、步履节奏，并安排老师领跑来控制节奏，前三分钟左右，孩子们还完成得挺漂亮，可这个环节毕竟有八分钟，越到后面，同样的状况又呈现出来。还是回到我们之前的思路——从"元问题"中寻找答案！体育老师的经验确实使问题有了突破，"圈大人少"是根本原因所在！要么增加跑圈的人数，要么缩小圆圈的大小。在高空俯瞰效果图后，我们决定缩小圆圈的大小。同样是这队孩子，当他们踏着自己适中的节奏跑动起来时，正好衔接成一个圆圈，这种没有人为提速的节奏，让孩子们一直匀速跑满整个时长。老师们脸上洋溢出满足的笑，原来找到问题的根本比勤奋努力更重要！

　　在生活、工作中，我们常常会碰到许多问题，我们始终相信：办法总比困难多！有这份执念固然重要，但更多的时候，我们要多想想：我们思考的方向对了吗？角度对了吗？打破思维定式，方能险中生慧！

小学生入学适应教育四部曲

《中华人民共和国义务教育法》第十一条明确写道：凡年满六周岁的儿童，其父母或者其他法定监护人应当送其入学接受并完成义务教育。这就意味着这个年龄段的孩子将告别幼儿时代，开启有责任、有担当、能独立、可自主的成长之旅！如何有效、高效地开展入学适应教育，让家长和孩子将自己的身心调整到与即将开启的模式相适应的状态，我们在亲子共建、家校共读、身心共享、师生共习四个维度中努力践行。

一、一封书信·亲子共建

开学前一个月，我们为每个符合入学条件的孩子发放录取通知书，这是结合学校文化精心设计的"通行证"，上面有学校的办学愿景，更呈现了学校的培养目标，图文并茂，让家长和孩子都能感知这份"郑重其事"，萌生一种自豪与骄傲。与此同时，我们会附上一封给家长的书信。

温凉静美之秋，我们在校园等你
——致全体一年级新生家长的一封信

亲爱的一年级新生家长：

首先祝贺您的孩子成为我们芙蓉区实验小学的学生，在此，学校代表全体教职员工向您和您的孩子表示诚挚的欢迎！接下来还有近一个月的时间，都说二十一天养成一个好习惯，希望您能陪伴孩子做好四个方面的准备。

一、物质上到位

购买。带孩子一起采买上学所需的物品。大小舒服的书包、有多个功能区的文具袋、HB铅笔、无香味无色彩的橡皮、一边平直一边波浪的直尺、A5型号的垫板、A4大小的资料袋、能插入书包侧翼的水瓶、带挂钩的雨伞等。

管理。带孩子给自己的物件写上名字，贴上标签，方便孩子分辨、寻找。告诉孩子不允许拿别人的东西，但也要保管好自己的东西。

整理。带孩子将学习用品分门别类地放入书包的不同隔层中，学会有序地归置自己的东西。

二、心理上调适

布置布置。带孩子重新布置一下自己的房间，让它更像一个安静有序的学习空间。有高度适合的桌椅、方便整理的抽屉、亮度适宜的台灯、干净清爽的书架……从环境上让孩子感知我是小学生，要开始读书了!

参观参观。带孩子走走上学路，告诉他一路上一些明显的标志，一些交通规则，一些不逗留、不与陌生人交谈的安全常识。感受一下校门口上下学的情形，学会与大人对接，让孩子不因为陌生而焦虑、恐惧。

诉说诉说。跟孩子讲讲自己上学的故事，让孩子产生亲切感。讲讲他人读书的故事，让孩子对读书充满向往。在这样的交流中，让孩子学着倾听，也学着表达。

三、习惯上养成

生物钟调节。提供一个小闹钟，模仿学校作息时间，七点半起床，晚上九点睡觉，中午一点午休一个小时。

责任心训练。将家里的一件家务活交给孩子，由他负责完成。比如吃饭时拿大家的碗筷、收衣服时整理衣架，让孩子知道他六岁了，作为家庭中的一员，也应当承担一定的家务活。

阅读力培养。将家长方便的时间段固定为孩子的阅读时间，如晚饭后半小时、睡觉前半小时。同时关注孩子正确的坐姿，家长可以与孩子共读，也可以各自阅读，让此时有学习的氛围。

四、学习中体验

学写自己的名字。不提倡提前去写大量的汉字，但要教会孩子正确的握笔姿势，笔顺正确地写出自己的名字。

做精细动作。寻找一些锻炼孩子手指精细度的游戏，亲子互动参与，锻炼手部的灵活性、肌肉的控制性，既为开学后的写字做好准备，又为亲子交流提供机会。

专注完成一件事。利用双休日或自己在家的时间给孩子布置任务，时间控制在四十分钟以内。比如画一幅画、讲一个故事、搭一次积木……过程中不打扰、不干预，让孩子坐得住、静得下。

亲爱的家长朋友们，让孩子在你鼓励的眼神中汲取力量，在你陪伴的过程中感受温暖，在你力行的坚持中体验成功！

温良静美之秋，我们在校园等你！

芙蓉区实验小学

与其说这封书信是在促进家校之间的一种情感互融，还不如说它是一份操作指南。在入学前最宝贵的一个月时间里，告诉家长如何通过亲子互动的方式教会孩子一些常识，在物质上、心理上、习惯上、知识上做好调试与储备，进而以最佳的状态迎接开学的到来。这封信我们不仅提要求，更讲方法，让其有可操作性。这封信看起来是在训练孩子，实则更是在提醒家长：从今往后，我们看孩子的眼神要变，心态要变，相信他们的"独立自主"，也不再容忍他们的"我还小"。这封信更是让每个家庭在学校的提议下，体验了一次亲子共建的快乐。

二、一次会面·家校共读

报到的当天，我们会邀请家长会聚一堂，这就是传统意义上的"一年级新生家长会"。每个学校的目的与侧重点不一样，我们更在乎理念层面的互融互通。如何巧妙地将学校的办学理念传递给家长，如何让家长从内心深处体会到孩子成长的不易，如何在潜移默化中习得为人父母的方法。我们的家长会方式很特别——带领家长读绘本。《小步走路》就是我们选定的绘本之一。这个绘本讲述的是三只迷路的小鸭子的故事，年纪最小的那只一会儿吵着要找妈妈，一会儿说他脚好酸，聪明的鸭子大哥教他一小步、一小步地向前走。鸭子二哥还给他取个名字叫小步。在哥哥的鼓励下，小鸭子时快时慢地埋头走路，有时走累了，他又赖在原地不想动，哥哥总是耐心地教他一小步、一小步地向前走，最后小鸭子果然走到了家，第一个扑到了鸭妈妈怀里。品读这个绘本，每位家长都有自己的理解与收获，但我们从大家的不同见解中理出一个关键词来达成我们的共识——陪伴。

小步很幸福，一路行走，有两位兄长的陪伴，更庆幸的是他的大哥理解他所有的难受、迟疑、徘徊！所以在陪伴孩子的过程中，我们一定要正视孩子的感受。举个例子，孩子写作业，写着写着向你倾诉："妈妈我手写疼了！"你怎么回应？80%的家长会这样回答："疼什么疼，才写了一会儿就喊手疼，你就知道偷懒！"面带不悦，一句话还上升到道德的谴责——偷懒！由事上升到对人的定性评价。试着下次这样回答："孩子，我知道你的手写疼了，你试着揉一揉，或者甩一甩，但是一定要认真写完哦！"请相信，给予理解之后的坚持会更有力量。再举个例子，早上吃早餐，孩子半天还没吃完，最后无助地说道："妈妈，我不想吃早餐了！"大部分家长又是什么反应呢？"我辛辛苦苦给你变着花样弄，你要么就吃几口，要么就跟我较劲。"这句话的问题在哪儿？你在乎的是自己的付出没有得到回报，而不是孩子的真实感受。所以陪伴的第一要义是感同身受之心。

小步的成长之快，还源于他有一个很有方法的大哥，你看，最后他越跑越快，第一个到达妈妈身边。大哥这样教小步：把脚抬起来，嘴里念一，往前踩下去，嘴里再念小步，然后换脚，再来一次。哥哥不是在提要求，而是给小步讲标准、教方法。什么是要求，什么是标准，大家来看两幅图，一幅是我们军人的站姿，一幅是我们孩子的站姿，"站好"——"好"就是对站姿的要求。如何"站好"这就是标准。大家看，一个并脚的动作，前者的标准是"两脚跟靠拢并齐，两脚尖向外分开约60度"，后者这样交代："两脚跟靠拢并齐，两脚尖向外打开。"前者交代要打开60度，后者没有交代。这就是差距。老师们进行常规培训，也会讲到"坐好！队伍走整齐！卫生打扫干净！""好""整齐""干净"就是要求，如何坐好、走整齐、打扫干净就是标准！所以记住：不是孩子不听我们的，不是孩子不按我们的要求做，而是你根本就没有讲清楚标准！所以陪伴的第二要义是细腻到位之法。

大家发现没有，小步在找妈妈的过程中，并不是一直朝着目标努力往前奔的，中途他喊累，不愿意再走了，大哥是怎么做的？耐心地提醒他，回忆方法，帮他重新找到前行的信心与力量，所以记住，孩子的坚持不会持续太久，他的持续力源于家长的坚持。相信很多家长已经开始让自己的孩子学这学那。不管是学习，还是培养特长，大家可以根据孩子意愿选取，但我要提醒的是，一旦和孩子做出了选择就坚持下去，不要朝三暮四，更不要贪多。所以陪伴的第三要义是什么？耐心坚持之力！

在慢慢翻阅、细细解读中，我们引领家长领悟陪伴的要义。《安的种子》《老虎开窍了》《我的心要强大》《加油，我也很棒的》……

这些都是我们适时推荐给家长的绘本，小小故事中的一些感触，就能让家长获得四两拨千斤的力量，更能让家校之间产生山鸣谷应的效应。

三、一场仪式·身心共享

开学的第一天，我们会为一年级的新生准备隆重的入学礼。这场仪式分为两个篇章，第一篇章就是充满传统气息的开笔礼，第二篇章就是开心有趣的校园行。

"开笔"是中国传统文化中少儿开始"识字习礼"形式的称谓，又称"破蒙"。在古朴的音乐中，孩子们步上红地毯，穿越"启智门"，整齐地步入操场。面对孔子画像，孩子们端身正仪、身检仪容，以一颗至诚至正之心向孔老夫子三鞠躬，以示追思先贤、尊师重道。"朱砂启智"又称"开天眼"，是我们开笔礼的第二个环节。老师们用毛笔蘸上朱砂，在孩子的额头正中点上痣，寓意着目明心亮、一点就通。因为"痣"通"智"，从此开启智慧，专注读书。随着一声鼓响，八名学生将仪式带入"击鼓鸣志"环节，"鸣志"即为"明志"，在教师的引领下，孩子们高呼校训：闪耀自己！辉映他人！点亮星空！努力争做品德高尚、情趣高雅、气质高贵、智慧高卓的"实小"学子！最后，孩子们拿起笔写下一个大写的"人"字，一撇一捺，寓意着顶天立地、相互支撑，在人生启蒙阶段开始学会做人。在全体老师、父母及大哥哥大姐姐的见证下，孩子们正式成为一名小学生，它象征着启程，更代表着一种希望，让我们都心怀期待，憧憬未来，孩子们在经历与感受中，融入校园，融进学生时代！

当孩子们在开笔礼的仪式中，荡漾起内心的涟漪，我们将开启孩子们的第一次校园行。高年级的哥哥姐姐为每个孩子递上一本图画书，这是一本由大队部小干部们自画、自编、自创的"见面礼"，大家把它命名为《星宝星贝走校园》。它就像校园的"活地图"，学校的两个吉祥物化身为书中的讲解员，详细地描绘了学校的每个场馆、每个景点、每栋楼房……在哥哥姐姐的牵引下，萌娃们一边欣喜地翻阅这本图画书，一边惊喜地找到对应点。大手牵着小手，沿着既定的路线看宽敞明亮的教学楼，走树木葱茏的银杏大道，坐窗明几净的餐厅，在击剑馆瞧瞧，到篮球馆看看，找找自己的教室在哪里，寻寻最近的卫生间在何地……聆听着大姐姐大哥哥的讲解，紧拽着他们温暖的大手。这个过程中传递着涓涓的爱意，在上学的第一天就架构好孩子与校园的情感。

四、一套绘本·师生共习

开学的第一周，我们以适应学习节奏、习得规范要求、建立师生情感为主要任务。作为一所小学，每年都会迎接新生，如何让六岁左右的孩子更快更好地适应小学生活，遵守学校规章制度，掌握学校生活常规，我们创编了学校的校本课程——《方圆规矩》。在这套丛书的序言中我写道：

不以规矩不成圆，

规矩可能就是一个图形，一个符号，又或是一种颜色，

我们通过约定规范自己，

我们通过规则达成有序，

言行中有恭谦礼让之风，

举止间有守则担当之度，

大美和谐里，你我皆为主角！

我们以学生一天的校园生活为蓝本，对晨起、入校、早读、课堂、课间、就餐、集会、卫生等各个方面进行具体的规范。一个内容一本书，全部是由我们老师带领孩子们创编的。例如，《晨起的习惯养成》，老师和孩子们一起思考，就提出了九点建议：

1.每天早睡早起，提高起床效率；

2.养成起床后适当拉伸身体的好习惯，不做大幅度的拉伸运动；

3.将自己的被子叠好，和枕头一起摆放好；

4.晨起喝一杯温开水，有助于身体健康；

5.早餐尽量在家吃，品种可以多样，以此来补充各种营养，避免油炸等难以消化的食物；

6.养成晨读的好习惯；

7.出门前检查物品是否带齐；

8.出门要和家长打招呼说再见；

9.上学路上注意安全，不追逐打闹，不和陌生人攀谈。

每一个要求配一个画面，目前我们已汇编出十四本，几乎涵盖了校园规范的方方面面。我们将这套内容纳入一年级的课程之中，第一周以训练为主，天天上。第一学期以强化为主，周周练。通过一个学期的时间让孩子们顺利过渡。为了契合六岁儿童的心理特征与认知特点，我们将这一套绘本又创作成《规范，从点滴做起》系列微视频。高年级的孩子们化身为纪录片中的小主角，精彩的演绎让一条条行为规范变得活泼亲切。学习的过程中，我们提倡老师们带着孩子们一起看视频，关注视频中提到的每一个细节，让孩子们在模仿中进行强化训练，真正清楚在校的什么时间点该做什么事，该怎么做好这件事。我们也提倡孩子们将视频中的每个场景，通过绘画涂鸦的方式画下来。通过描摹绘本中的某个场景来提升孩子们的认同感。当孩子们将这些要求、规范，通过自身的理解、感悟外化于一张张涂鸦时，一个个枯燥的规范，通过儿童的笔触呈现出来，在潜移默化中孩子们将其内化成一种追求，外化成实际行动。

直接感知、实际操作、亲身体验是六岁左右的儿童获取经验的主要方式与方法。我们在探索中努力寻找科学有效的途径和方法，实施更有针对性的入学准备。一句话，让孩子高高兴兴上学来，开开心心回家去！

以时代的强音致敬祖国

——芙蓉区实验小学2019年春季开学典礼

一、活动目的

1. 在新中国成立七十周年之际，学校利用开学典礼这一重要契机，组织全校师生及家长，开展"以时代的声音致敬祖国"的开学典礼，以此来增强师生责任感和使命感，激励全校师生振奋精神、锐意进取。

2. 利用开学典礼这一良好教育契机，进一步统一思想，明确新学期的奋斗目标，营造和谐、浓厚的工作氛围，为新学期创造一个良好的开端。

二、活动时间：2019年2月18日星期一上午8：30

三、活动地点：体育馆

四、活动准备：

1. 方案、串词、横幅：德育处

2. 校园、体育馆布置：美术组

3. 节目负责人：家委会、班主任、音乐组

4. 新闻：教研室

拍照、音响：信息组

五、活动流程：

（一）升旗仪式（播放进场音乐1）

主持人1：

敬爱的老师、家长们，亲爱的同学们：

大家上午好！带着新春的喜悦，迎来新的学期，开启新的希望！在这一刻，我们欣喜地迎来了新学期的开学典礼。首先请允许我代表学校对老师、同学、家长们致以新学期的问候！下面我宣布"以时代的强音致敬祖国"实验小学2019年春季开学典礼，现在开始！仪式第一项：升国旗，奏国歌，齐唱国歌。（播放音乐2国歌）

（二）校长新学期致辞

主持人2：

礼毕！春天是播种的季节。新学期里，同学们将会在学校播下希望的种子，等待在收获季节里收获全新的知识、坚固的友谊和终身受益的行为习惯。我们实验小学，又迎来了新老师、新同学，掌声有请陈校长引领实验小学新家庭成员闪亮登场，并为我们新学期致辞！（播放音乐3）

（三）全体教师朗诵《教师宣言》

主持人1：

自芙蓉教师宣言活动开展以来，全区各校教师积极参与，人人进行宣言撰写，全员学习诵读《芙蓉教师宣言》，《芙蓉教师宣言》已经鲜活地印在了每一位老师的心中。我们实验小学的老师也将以《芙蓉教师宣言》为准则，努力践行，做党和人民满意的人民教师。下面有

请全体老师带来朗诵《芙蓉教师宣言》。（播放音乐4）

（四）开学典礼

篇章一：述说

主持人2：

2018年，我们迎来了改革开放四十周年，2019年，我们又将迎来新中国成立七十周年。七十年风云际会，中国从一个积贫积弱的国家，一跃成为当今世界第二大经济体，综合国力的历史性跨越令世人瞩目。这么重要的日子，我们应该牢记在心。一些重要的人，更要感恩于心！如果没有抗战老兵、解放军、爱国人士冲锋陷阵、舍身抗敌的那股子劲儿，也就不会有我们今天和平、安宁的生活。（播放音乐5）有请我们的大队辅导员述说那个年代的故事！

国歌的故事

1931年9月18日夜，当人们还沉浸在月夜的繁星点点之中时，丧心病狂的日本关东军，以栽赃陷害之名炮轰我中国军队。随即北大营失守，次日沈阳失守，不到五个月我东北全境沦陷。

炮火留下的是鲜血，是落寂，是毁于一旦的家园，是满目疮痍的土地，更是无法弥补的伤害！可也正是从这时起，大江南北、长城内外，全体中华儿女冒着敌人的炮火，共赴国难！

1934年春，田汉毅然写下了一个以抗日救国为主题的电影剧本——《风云儿女》。在剧本的最后有这样一首诗：

　　起来！不愿做奴隶的人们！

　　把我们的血肉，筑成我们新的长城！

　　中华民族到了最危险的时候，

　　每个人被迫着发出最后的吼声。

　　起来！起来！起来！

　　我们万众一心，冒着敌人的炮火前进！

　　冒着敌人的炮火前进！

　　前进！前进！进！

这也成为这部影片的主题歌——《义勇军进行曲》的歌词。年仅23岁的聂耳读到这段歌词时爱国激情在胸中奔涌！他仿佛听到了母亲的呻吟、民族的呼声、祖国的召唤、战士的怒吼！他激情涌动、一气呵成，完成了他最伟大也是最后一个作品——《义勇军进行曲》曲谱定稿！

　　1935年5月24日，《风云儿女》在上海金城大戏院举行首映。当日，《中华日报》电影宣传广告上写着："再唱一次胜利凯歌！再掷一颗强烈的炮弹！"《申报》电影广告栏也写道："这儿有雄伟的歌——是铁蹄下的反抗歌！"

　　《义勇军进行曲》慷慨激昂的歌声随之响彻大江南北。它以国人发自内心呐喊般的歌词、坚毅向前的节奏和亢奋昂扬的音调，唤起人们为挽救国家和侵略者作生死搏斗！敌后战场，同仇敌忾！正面战场，视死如归！在著名的台儿庄大捷中，美国记者爱泼斯坦目睹了中国官兵端着步枪、挥着大刀，高唱《义勇军进行曲》，冒着日本军队的炮火向前冲锋。中华儿女用生命和鲜血谱写着一首感天动地的反侵略壮丽诗篇！

1949年10月1日下午3时，在北京天安门广场隆重举行开国大典，毛泽东主席用洪亮的声音向全世界庄严宣告："中华人民共和国中央人民政府今天成立了。"当主席按动升旗电钮，五星红旗冉冉上升时，《义勇军进行曲》作为国歌第一次在天安门广场响起。 1982年12月4日，五届全国人大五次会议通过决议，确定田汉作词、聂耳作曲的《义勇军进行曲》为中华人民共和国正式国歌。

它是一段历史，让那段硝烟弥漫的岁月历历在目！它是一种警醒，让我们时刻居安思危，不忘国耻！它更是一种力量，激励着我们励精图治、奋发图强！今天，无论身在哪个国家、哪个角落、哪片天空，只要唱起我们的国歌，就是向世界传递一个民族的最强音——我们万众一心，冒着敌人的炮火前进！（朗诵结束后马上接音乐6国歌）

主持人1：

今天，在开学典礼这一重要时刻，陈老师带领大家一起回顾历史，聆听《国旗的故事》，作为10后的你们，是祖国的未来，肩负着历史使命，应该铭记历史，珍惜现在的美好时光，好好学习，追求梦想，为祖国的繁荣富强贡献自己最大的力量！

篇章二：传唱

主持人2：

2019年，还是全面建成小康社会关键之年，包括第二届""一带一路""国际合作高峰论坛、新个税法实施、澳门回归二十周年等，一系列国家大事和民生关切，让新的一年备受期待。说到澳门回归，我们老师马上想起了一首歌。（播放音乐7《七子之歌·澳门》）

二十年前，这首《七子之歌·澳门》登上了春节联欢晚会的舞台，一夜之间便成了家喻户晓争相传唱的歌曲。历经二十年，再次听到这首歌，相信你们的父母会跟我一样，不知不觉地跟着哼唱起来。所谓经典永流传，那些好听的、朗朗上口的歌曲不会因为时间而被遗忘，反而因为时间的洗礼变得更加耀眼夺目、让人难以忘怀。接下来，就有请我们的爸爸妈妈们，为大家带来属于他们那个年代的经典歌曲。

掌声有请！（播放音乐8）

歌曲联唱

1. 第一组联唱（体现热爱学习、热爱求知的主题）：《上学歌》+《校园的早晨》+《读书郎》

2. 第二组联唱（体现热爱生活、热爱劳动的主题）：《劳动最光荣》+《捉泥鳅》+《让我们荡起双桨》

3. 第三组联唱（体现体格健康、品格健全的主题）：《黑猫警长》+《我在马路边捡到一分钱》+《可爱的蓝精灵》

4. 第四组联唱（体现热爱父母、热爱祖国的主题）：《鲁冰花》+《少林英雄》+《娃哈哈》

篇章三：祝福

主持人1：

好听吗？实验小学藏龙卧虎，我们的爸爸妈妈个个身怀绝技，对吧？感谢八位家长带来的经典传唱，为你们点赞！

今天虽然是开学的日子，但其实还是在过年。老话说得好，没有出正月十五，还是年。相信过年期间同学们都吃了美味佳肴，收了过年红包，去了很多好玩的地方。逢年过节，仪式感很重要，给长辈拜年是仪式感，剪窗花做灯笼是仪式感，置办年货、走亲访友是仪式感，互送祝福是仪式感。中国人过节喜欢热热闹闹、红红火火，学校里挂的灯笼是红的，家门口贴的对联是红的，接下来的祝福也是红的，十二生肖和爸爸妈妈们送来的祝福预示着我们的日子会红火兴旺。（播放音乐9）

各班生肖娃带着自制的灯笼、对联、剪纸等一起送祝福！

生肖宝宝送祝福

鼠宝宝：金鼠开泰，祝福我们的世界祥和美好！

牛宝宝：牛气腾腾，祝福我们的祖国繁荣富强！

虎宝宝：虎雄千里，祝福我们的家乡蒸蒸日上！

兔宝宝：灵兔吉瑞，祝福我们的学校灿烂辉煌！

龙宝宝：龙腾云天，祝福我们的长辈福寿绵长！

蛇宝宝：金蛇飞舞，祝福我们的父母幸福安康！

马宝宝：骏马奔腾，祝福我们的兄弟马到成功！

羊宝宝：羊致清和，祝福我们的姐妹万事顺心！

猴宝宝：封侯挂印，祝福我们的亲朋心想事成！

鸡宝宝：金鸡报晓，祝福我们的好友鹏程万里！

狗宝宝：天狗食月，祝福我们的老师吉祥如意！

猪宝宝：福猪吉祥，祝福我们的同学前程似锦！

篇章四：歌唱

音乐老师领"小百灵"合唱团带领全校师生齐唱《我和我的祖国》

（播放音乐11《我和我的祖国》）

主持人2：

感谢小夜莺合唱团带来的《我和我的祖国》。七十年的光辉历程，七十年的风雨沧桑。无论多少优美的旋律也唱不够我们对祖国的衷肠。不管多少绚丽的诗词也说不尽祖国在心中的分量。今天，我们欢聚一堂，以时代的声音致敬祖国。明天，我们振奋精神，凝聚力量，祝福伟大的祖国更加繁荣昌盛，国富民强！祝愿实验小学的明天更加灿烂夺目！

"以时代的声音致敬祖国"实验小学2019年春季开学典礼到此结束！提前祝大家元宵节快乐！身体健康！出入平安！诸事顺遂！

"让我们拥抱地球"中队主题队活动设计

活动目的：

引导学生通过丰富多彩、趣味盎然的活动，畅怀地球的昨天，了解地球的今天，展望地球的明天。明白保护地球的重要性，激发学生从心底热爱我们的家园，带动更多的人来保护地球，为维护生态平衡，美化人类家园尽义务、作贡献！

活动准备：

1. 启发学生以小队为单位想好各自的口号。

2. 活动前布置学生查阅有关地球资源的资料。

3. 准备录音机、话筒、头饰、磁带、通行证、信封、电子琴、照片、照相机、美术作品、水彩、大白纸、画笔、多媒体。

活动过程：

"小发明"中队"让我们拥抱地球"中队主题队会现在开始！

一、列队。

全体起立，各小队整队，报告人数！

二、出旗、敬礼。

三、唱队歌。

四、中队长讲话。

亲爱的同学们！地球是我们的美好家园，它是我们世世代代赖以生存的地方。它需要我们共同来保护。瞧！这不！我还收到地球爷爷的一封来信。他准备到我们这儿来做客，和我们商讨一下"爱护家园，保护地球资源"的大事。我们一定不能让地球爷爷失望啊！同学们，让我们行动起来吧！

五、活动开始。

主持人：哎！中队长，你别走呀！

中队长：怎么啦？

主持人：你快告诉我们地球爷爷什么时候到，我们好去接他呀！

中队长：哎！你听，火车声，地球爷爷马上就要到了！（播放火车声，地球爷爷上场）（大家伸长脖子望）

中队长：同学们，地球爷爷来啦！

齐声：地球爷爷好！（高兴、摇手）

地球爷爷：同学们好！听说你们"小发明"中队的小朋友特别聪明能干，而且还自己组织开展了许多活动。

齐声：对！没错！

健康小队：我们是健康小队！——健康小队，身心健康！

咔嚓小队：你咔嚓，我咔嚓，善恶美丑入镜头！——我们是咔嚓小队！

刺猬小队：我们就是大名鼎鼎的刺猬小队！——刺猬，揭露真伪！

涂鸦小队：红、橙、黄、绿、青、蓝、紫，丹青小手绘蓝图！——我们是涂鸦小队！

地球爷爷：真不错！今天我就要看看你们有什么精彩的表现。我们大家都很想参加地球聚会，最公平的方法就是以各小队的表现来颁发通行证。同学们同意吗？（健康小队到位）好，那我就看你们的表现了！

（一）健康小队

齐声：地球爷爷，我们来啦！

小队长：健康小队出发！（整队入场。）

甲：地球爷爷，队员伙伴们，今天我们健康小队可要一马当先，抢在头展示我们的活动了！

乙：我是小队长。我们健康小队的奋斗目标是——锻炼强健的体魄，培养健全的心理。

丙：语言健康！

丁：身体健康！

戊：心理更要健康！

乙：哎！伙伴们，现在我们都能说一口流利的普通话，使用文明语言。可作为地球上的小公民，我们还应该让更多的人知道语言健康的重要性。

甲：可不，上一次我们不就参加了学校的推普小分队吗！

丙：对对对！（拍手）那天我们的收获可大了！

（场景表演）

——请说普通话！

——讲什么？（讲长沙话）

——阿姨，请您说普通话，做一个语言健康的公民！

——哦！说普通话！

——叔叔，请使用文明语言！

——（点头）你们真是语言文明的小天使！

地球：你们表演得真不错！可这跟地球有什么关系呢？

甲：地球爷爷别着急，你听，我们的健康小广播开始播音了！

播音：健康小广播开始播音！健康小广播开始播音！同学们，我们人人都知道拥有健康的身心是学习、工作的基础。也许大家忽略了一个这样的问题，我们赖以生存的地球只有一个，人们现在只想自己拥有健康的身心，却忘记了人类仅有的一个地球更需要健康。因此，我们健康小队向人类呼吁：让我们携手共创一个健康的家园吧！今天的小广播到此结束！

（邀地球爷爷一起跳健康舞）

（二）咔嚓小队

（健康舞快要结束时，咔嚓小队2～5人上前拍照）

甲：嗨！头儿，今天我们可抢拍到了跨世纪少先队员的精彩一页呀！

乙：那当然！我们咔嚓小队的镜头，当然是来源于真实的生活、美好的大自然啦！说起我们的地球呀，可真是容纳千山万水，你们瞧——

（咔嚓小队成员选6人从不同角度各自介绍一张照片）

丙：其实，地球上还有很多雄伟神奇的自然景观，由于我们能力有限，不能一一拍摄下来。不如这样，咱们不能一饱眼福，就饱饱耳福，大家把知道的名胜景点说出来，让大家听听吧！（5人各自介绍）

中队长：真是太美了！同学们，咔嚓小队的队员在校外拍摄到了地球上的美好景色，地球的昨天是多么美好呀！

咔嚓队员：可是，同学们，我们美丽的地球现在却遭受越来越严重的破坏！

（三）刺猬小队

（小品剧演员上场）

甲：用推土机排除废气。

乙：两个小姑娘把橡皮筋牵在小树上玩耍。

丙：两个小女孩靠着小树苗看书，顺手摘下小树叶当书签。

丁：一个小痞子歪戴帽子，在公园抽烟，乱扔烟头，随地吐痰。

戊：一位大叔乱砍上山的树木，用来做凳子。

旁白：这是多么惨不忍睹的一幕又一幕啊！

主持人：其实，这样的悲剧就发生在我们身边，让我们都从自身做起，从现在做起，爱护我们的家园吧！

（四）涂鸦小队

（5—8人上场，拿着画板、刷子唱《粉刷匠》）

中队长：哎！你们这是干什么？好像我们中队没有一个这样的"粉刷匠"小队呀？

主持人：就是！你们不会要粉刷地球吧！

甲：什么？粉刷地球？

齐：粉刷匠？（指自己）

乙：哦！误会了！伙伴们，亮口号！

齐：红、橙、黄、绿、青、蓝、紫，丹青小手绘蓝图！瞧！这是我们最得意的两幅作品。（两人分别介绍作品）

丙：中队长，我们是涂鸦小队的队员，虽说我们没有能力粉刷地球，但是我们可以用水彩和画笔为地球描绘美好的明天！

主持人：那真是太好了，我们现在的森林植被大片减少，空气污染严重。唉！真是太对不起地球爷爷了，我们就请涂鸦小队为我们地球的明天做一个美好的构想吧！

丁：没问题！（转身作画，音乐响起，大家随音乐拍手）

中队长：同学们，地球孕育世间万物，是我们伟大的母亲。趁着涂鸦小队作画的间隙，让我们愉快地唱起来，跳起来吧！（全体表演唱《地球歌》）

主持人：看！涂鸦小队的作品完成了！（鼓掌）

（几个队员拿作品上）

甲：这是地球的明天构想蓝图！

乙：我们希望未来的地球有大片的森林和植被，让充满生命的绿色紧紧围绕我们。（指图）

丙：人们再也不愿意让污浊的空气来损害我们的健康，所以未来的地球应该有清新、透明的空气，蓝天白云像一幅优美的画卷。

丁：地球容纳世间万物，人类在地球上愉快地生活，科技不断发展，人类与其他星球的联系也越来越紧密，我们未来的地球将是一个健康、美好的大世界！

齐：我们未来的地球将是一个健康、美好的大世界！

六、辅导员讲话。

七、呼号。

八、退旗。

九、活动结束。

"让我们拥抱地球"中队主题队会到此结束！

第七章 为学习者

还清楚地记得，填报志愿的那天晚上，父亲对我说："你如果选择从医或是当老师，就一定要养成终身学习的习惯。"当时没有多想，只是当了老师之后，就真的想让自己无所不会、无所不能。希望在孩子心里，我是神一样的存在。后来做了行政工作，当了校长，就更不敢懈怠了。身边的人、周遭的事、所见之景、所入之境……你真的发现，只要你愿意，处处留心皆学问。都说人可以不成功，但一定不能不成长。以学习者的姿态行走在教育之路上，收获的不仅仅是知识，提升的不仅仅是素养，更是一种向上的状态。与智者为伍，与良善者同行，通透纯粹。

心中有他人

——走进香港小学有感

走进香港，它给人的第一印象是宁静而有序。人多但不拥挤，车多却不拥堵。就像一条五线谱，每个人都在各自的位置上，拥有不同的调值、音高，却一起合奏着一首首优雅而有节奏的乐曲。

十字路口，人们相视而立，即便放眼马路的两头望不见车辆，也不会有一个人趁机冲过马路，因为对面还一直亮着红灯。

公交站台，人们一个紧接着一个，延绵几十米，永远都只有站在你身后的人，绝不会有站在你身旁的人，就如同地上有一条线，大家单行而立，静候公车。

地铁扶梯不到一米宽，而在你的左边永远都会留出一条通道，步履匆忙的人能够畅快顺利地三步并作两步由此通过，而大伙靠右而立，没有指挥却动作一致。

走在这座城市，感觉自己会不由得紧张，因为稍不注意就会发现自己与这个大环境步调不一致，显得是那么突兀而不自在。

我想，人们习惯的背后一定有点什么。

我们此行二十四人走进了香港的第一所学校。一个人给我留下了深刻的印象。她给我们耐心地讲解学校的各项活动，热情地引领我们参观校园，可从始至终她一直戴着口罩。香港的气温二十八九摄氏度，而我只能看见她那双灵动的眼睛。当我用好奇的目光望着她时，她会意地笑了笑，明白了我的不解。原来，在香港的小学，当哪个老师感觉身体不适时，都会戴上口罩，这样可以避免将病菌带给孩子和同事。

参观第二所学校时，正值孩子们上课，我发现每一间教室的每一扇门都是紧闭着的，当我询问是否可以推门听听课时，随行的工作人员很直接地告诉我三个字："不可以！"交流中她告诉我，如果要听孩子的课，课前就需要告知，不可以中途打扰。我告诉她，我们这边还有听"推门课"一说。她摇摇头，还是回答我三个字："不可以！"老师一旦进入课堂就不可以被打扰，也不可以因为其他事情将老师或学生请出课堂，这是一份信任，更是一份尊重！

走进培侨小学，迎接我们的是一位近六十岁的老校长，宁静而睿智，在这里我被一面面墙而吸引。说实话，谈不上精致，也说不上精彩。如果按照我们评比的标准最多只能算是完成了任务。可我却在那一面面墙上看到了生命的律动，作品稚嫩却透着灵气，排版笨拙却蕴含朝气。那上面没有老师的指指点点，没有父母的剪剪画画，没有成人批改痕迹的一面面墙，让我看到了香港教育的放手，那是去功利的真诚。我想，如果黑板报这一阵地都不属于孩子，我们何谈"生本教育"！

听完山水湾小学校长的介绍，正赶上孩子们上完所有课表课程。一间房吸引了我。透过门上的玻璃窗，我看到房间里稀稀落落地坐着十几个孩子。门上还有一个醒目的标识牌——辅导室。教导主任向我们介绍，下午上完课表内的课程，就会将孩子分层，接受能力差、反应慢、当天知识点学习还有困难的孩子就会进入这间辅导室进行再学习。我直截了当地询问："那这些孩子就是潜能生，你们不担心伤了孩子的自尊心吗？""潜能生？在学习方面这些孩子没有潜能，但孩子们知道，他们来这里会得到更多的帮助，学业上才能跟得上。可在其他方面，这些孩子可能是佼佼者。"这位教导主任跟我如数家珍地列举了几个孩子凸显的其他能力。是啊，我们将学习后进生自欺欺人地改称为"潜能生"，却不敢正视孩子的学业困难，也不让孩子去正视自己的弱项，简单地认为分层就是伤害孩子。我想，身为教育者，当我们评定一个孩子只看学业成绩时，那我们就真的走入了死胡同。正视自己的弱项，改善它；彰显自己的优势，展示它，何来自卑！

一个人、一扇门、一面墙、一间房……让我看到了教育的不被打扰、敢于正视、敢于放手、彰显生命的成长过程。此时，我想起在十字路口遇到的一个老伯的一句话："别抢红灯，你会妨碍到司机驾驶！"公交站台小妹的一句话："排队，是提高速度的最好方法！"在地铁扶梯上的老爷爷的一句话："年轻人忙，给他们留条道！"这个城市热闹中沉淀宁静，繁忙中彰显有序，这背后源于同一个答案：心中有他人！面对我们的学生、面对我们的老师，我们要做到，也教育我们的孩子们要做到——服务、帮助，而不是——管理、监督！

坚守的力量

——《平凡的世界》阅读分享

　　人们常说，"守得云开见月明"。精卫填海、夸父追日、愚公移山……中华民族的灵魂深处就根植着"坚守"的力量。"不食无主之梨"是许衡的坚守，"不为五斗米折腰"是陶渊明的坚守，"贫贱不能移"是孟子的坚守。塞罕坝用半个世纪写就一片绿洲的传奇，这是127名大中专毕业生三代人的坚守；阿里巴巴用二十年创造互联网时代的一个神话，这是17位志同道合者屡败屡战的坚守；欧心田用自己三十年的守望兑现当初的承诺："说好的，谁活着，谁就要为牺牲的战友守墓！"这是一位老兵对战友不离不弃的坚守。再读路遥先生的著作《平凡的世界》，书中一个个鲜活的人物走进我的内心，在亘古的大地与苍凉的宇宙间，有一种平凡的声音荡气回肠。他们对"本心""初心""善心""痴心"的坚守，带给我无尽的感动与无穷的激励！

一、坚守本心，安之若素

孙少安，农民的儿子，家中的长子。6岁开始帮助家里干农活，13岁放弃学业帮父亲支撑起一个家，18岁凭借自己的打拼成为生产队长，在净挣2500元后开创自己的"烧砖窑"事业，可却在扩大再生产时一败涂地！他本着对黄土地、对乡亲、对家人的责任与担当，用自己的坚忍，书写改革更迭时的沧桑，拼搏奋进时一览无遗的喜悦。最终在第二次创业中获得成功。一路走来，他本心不变！牺牲自己，全力支撑这个穷家是他秉持的生活信念；致富不忘乡亲是他崇尚的生活哲学；扶危助贫、回馈邻里是他恪守的道义仁爱。他以自己的沉稳、内敛承担世事。心归宁静地呵护羽翼下的所有人，也让所有依偎他的人有依靠、有希望！

二、坚守初心，踽步踏歌

孙少平，性格中有些懦弱，却敢于打破常规；思想中有些传统，却敢于直面现实；出身贫寒，却不卑不亢、奋进向上，他拒绝所有的安逸，只是在追求自己的初心！到黄元城打工，到煤烟四起的地下坑道中劳作，奋进的路上有绝望袭来、有无助缠绕，但他从未低头。他用双手构建属于自己的天空，用劳动实现自己引以为荣的人生价值。他用自身奋进的姿态告诉我们：人可以贫穷，因为有时我们无法选择；人可以卑微，因为努力不一定就能成功；人可以动摇，因为磨难总是接踵而来。但是，要认真地过好每一天，这与钱财无关，与前途无关！只要有一颗火热的心，就能在万丈红尘中，时刻不忘学习，怀揣一颗感恩之心；就能在苦难不幸中，时刻扬起自信，品味生活的五味杂陈。这是一个精神富足者的追求与执念。当回忆往事的时候，在自己的生命历程中有值得骄傲和怀念的东西，而不至于坐在冬日冰凉的土炕上，夸耀的仅仅是自己的饭量与力气。

三、坚守善心，守望相助

孙少安接到润叶给他的告白信，喜悦甚至抓狂。但他清醒地知道自己背负着贫困大家庭的重担，深埋自己的情愫，斩断恋人的希望，只期盼心爱的人得到幸福！这是对恋人的善心！侯玉英从少平救自己后对他产生好感，并且勇敢表白，孙少平知道自己绝不会对她产生爱情，但没有藐视和嘲笑跛脚女子的一片热情。这是对身边人的善心。田福军，始终把百姓的需求放在第一位，甚至不惜为此与上司抗争。不唯书，不唯上，只唯实。这是为官一任对百姓的善心。其实善良是可以传递的。孙少平一路上遇到很多提携他、帮扶他的人。这正是因为他自身的真诚无时无刻不在感染别人，打动别人。就如满天的繁星，也许我们是最微弱的那一颗，但我们也是点亮夜空的一束光。当这一点一点的光亮布满星际的时候，仰望星空的人能看到梦幻，燃起希望。所以相信自身的力量，在团队里，在人群中，只要你释放正能量，你就是驱走寒意、照亮心头的光。

四、坚守痴心，矢志不渝

田晓霞，论家世，是市委书记的女儿；论职业，是大学出来的省报记者，与农民出身的孙少平似乎永远没有交集。可孙少平对生活的热爱与尊重、对身为劳动者的自豪与努力，让他们在精神的世界中可以相互鼓励与扶持，憧憬未来，谈天说地。这份义无反顾的痴心是精神世界的情致交融。是她让爱人有了温暖。贺秀莲，如同今日的裸婚，没有丰富的粮食，没有完整的窑洞，她却毅然嫁给了这个让他一见倾心的汉子孙少安，为了爱人，她有些自私；为了爱人，她操劳稳重，在精神与身体上支持着命运多舛的丈夫。这份全情投入的痴心是现实生活的相濡以沫。是她让爱人有了慰藉。孙玉厚，十五年前为了弟弟的婚事到别人门上去借钱，十五年后的今天，又为了儿子的婚事向别人伸手，这是一位淳朴的农民对家人的痴心！正如冰心所说："爱在左，情在右，走在生命的两旁，随时撒种，随时开花，将这一径长途，点缀得花香弥漫，使穿枝拂叶的行人，踏着荆棘，不觉得痛苦，有泪可落，却不是悲凉。"

俞敏洪曾说："成长就是一生努力、一生吃苦、一生向上的过程。"

而我想说：

每个人的成长都是在经历一场蜕变，

风雨的洗礼，

雨露的滋润，

但最终由你的付出决定！

认准方向，

心无旁骛，

你就能在坚守中长成自己想要的模样，

这是一种态度，

更是一种智慧！

谁无暴风骤雨时，一心一意，脚踏实地！每个平凡人的坚守就能成就熠熠星空！处在国富民强、民族复兴的伟大时代，那就让我们用自身的成长见证祖国从"鲲鹏击浪从兹始"到"扶摇直上九万里"的时代更替！

致我们已然开始的缘

　　走近她缘于一通电话。那是一个夏日澄明的傍晚，"我是龙继红，育英创立二小，愿意来做副校长吗？"电话这头的我紧张得有些惶恐，因为这之前，与她只有点头间的注目、含笑间的期许，那时的她已是享誉三湘的全国名校长。没有任何准备，我却脱口而出回答了三个字："我愿意！"就如恋人间的一见钟情，我只是被电话那头温婉谦和的声音吸引了。"还是来做副校长，我知道你已经做了四年副校长了。"追述的一句话，让我更能触摸那份真实。我知道这些都不重要，我想走近这位一姐，这是一份不自觉的吸引。

　　走进育英二小的第一次，那里还是尘土飞扬，瓦砾如山。"这就是我们的育英二小！"她眼睛里满是憧憬，满是坚定。而一旁的我，眼里有的只是那满楼还未拆除的脚手架、那张还未填充的花名册。一时间我没有任何头绪。"这些都不是问题，你的中心工作应该是构建二小人的共同愿景。去寻根吧，寻根就是聆听，聆听育英发展历程中留下的声音，在寻根中反思，你一定能寻求到育英二小新的发展。"是啊，一席话让我茅塞顿开。要忙的事很多，可有些事是不需要我亲力亲为的。让育英的种子在这片新的土壤里生根、发芽、长出嫩绿的新叶才是我的中心工作。

翻阅、走访、交流、咨询……我开始了忙碌的寻根之路，可一个暑假过去了我还是在纠结中挣扎，没有丝毫感觉。看着焦躁中的我，她浅浅地一笑说："走，带你到本部走走！"一直车进车出的我们，第一次选择了步行。还没到门口，她就指着前方问："看见那棵古樟了吗？它用巍峨的身姿护送着老师和孩子们每日来往不息，伴随着育英走过六十周年。你看，乒乓球台旁，另一棵香樟与它遥首相望，大约有上百年岁月了吧。一年四季，它都枝繁叶茂，成为孩子们嬉戏、健身的最佳庇护场。知道吗？这棵古树曾经一度重病，生命垂危，原本粗壮的树干出现了大大的空洞。可就在第二年开春，它又奇迹般地从沉睡中苏醒，重新焕发生命的张力。成熟、厚重，却一直风姿不减，这就是育英的吉祥树，这就是育英。你想想我们育英二小一进门也有什么？""一棵古樟树！"我兴奋地叫起来。"这就是情缘！两校香樟，一种情怀！因为古樟，两校有了情感交结和历史延续！"

就如同一个听故事的孩子，我突然发现了故事中的秘密。自此，我们有了校徽，一个既像活泼的孩子又像樟树主干的造型，树人合一。树干上五片不同颜色的树叶，展示着樟叶的生命历程，同时寓意着学生的成长，从稚嫩走向成熟，也代表学校仁爱、宽容、自信、创造、竞争的培养目标。青、绿、黄、橙、红，在岁月的五色轮回中，始终抹杀不去的是那道绚丽的红色，那就是育英——军队干部子弟学校的色彩！我们有了校训：善学笃行，修身致雅。我们有了办学愿景：追求真实唯美的教育生活，构筑幸福完整的学习人生。一切在那一瞬间变得水到渠成了。

终于，要和老师们见面了。我五易其稿，把要表的决心、要布置的工作、要提出的要求一字不落地写了下来。心想，如此严谨的工作作风一定能留给老师们一个良好的第一印象。可那天她却拉住了我上台的脚步，又是浅浅一笑说："今天我来，你好好听！"四十分钟的时间里，她讲什么是育英现象，她讲什么是育英精神，她讲什么是育英人。我明白了，现在的重心是让大家有作为育英人的自豪感。认同感与归属感能产生强大的动力，有了认同感和归属感工作的开展才会如鱼得水。

如此准确的节点把握，如此敏锐的细节捕捉，让我找到了答案，为什么一位身兼多职的大校长，身影总是那么从容而并不忙碌。如同冰封开启后的花儿，总能在第一时间闻到春天的气息。跟随她，我明白了第一件事：作为一个领头人应该敏锐地把握工作的中心与重心。

一切都在我们的预期中精彩地行进。9月，局里要举行三个新建学校的揭幕仪式，每个学校要呈现五分钟的宣传短片。育英二小、育才二小、马王堆小学，大家都想把最美的一面呈现出来。她第一时间主持召开了讨论会，会上我们一直提议找专业的机构来进行脚本的撰写与拍摄。可她却否定了我们的这个想法，用她的话讲，这一个月的陪伴，只有我们自己深知其中的酸甜苦辣、只有我们自己深感其中的喜怒哀乐，自己动手，这个宣传片才会有温度、有厚度。那天，我们的会议没有句号。图片收集、文字撰写、画面设计、配音旁白、合成剪辑……我们还在一头雾水之时，她已激情飞扬地做着工作的部署。执笔撰写文稿的我在电脑前开始敲击，本以为她会起身去休息一下，因为从中午1：30开始到现在已经有五个多小时了。后勤送来盒饭，她一手撑着下巴，一手拿着筷子，半俯着身子靠在我的电脑旁。时而往嘴里送上一口饭，时而又叫我打住，修改句意的表达。说句实话，我心思全不在文稿上，望着她撅着屁股的样子倒是觉得她很可爱，这哪是一个50岁的人哪！深夜12点，我们都已疲惫不堪，工作间也变得异常安静，大家已无力表达任何观点了。这时，突然一句话划破静寂的夜空："你们发现没有，我们的配音不应该用男声。因为文稿与画面的呈现是温婉而柔美的，改用女声！""啊！"本以为工作已接近尾声的我们，此时都把疲惫的眼睛瞪得炯炯有神，期待能有奇迹发生，期待她只是说说而已。可她却沉浸在自己的绝妙发现当中，还是那么神采奕奕地讲述自己的理由。望着她眼中闪烁的光芒，我知道原来那无数次一等奖、第一名是这全情投入的过程铺就出来的。外人眼中收获的是奖杯，是荣誉，而我们收获的却是成长中的陪伴，是激情的燃烧。这样的团队怎能不成功！这样激情似海的女子怎能不美丽！

一年后，局里调任她担任育才学校的校长。依偎相随的日子从此仅限于几通电话、几条短信、几声问候了……本以为生命的境遇里，这美丽的一页已经翻过去了，可两年后我被调到育才三小任校长。这是一个建设规模有36个班的大校，我一直想物色一个稳重、老练、有经验的人为总务主任。这时，一位小伙子毛遂自荐希望学校能给予他成长的平台。可能是因为这位老师太年轻，我一直没能说服自己大胆地起用他。相反那段时间，脑子里翻来覆去呈现的全是他的不好。犹豫中我把自己的担忧告诉了她。她还是做出那个招牌似的动作，浅浅一笑："尺有所短，寸有所长，没有一个人是完人，而我们要做的是贵其所长，忘其所短！"阅人无数的她列举许多实例让我看见了他的好。可一段时间之后，我又开始焦虑，觉得做出这个决定自己肯定会后悔。因为他工作还不到五年，因为他玩心还挺重，因为他想法太多……一个个理由又鲜活地摆在我的面前。我再次把岗位调整的事搁浅了下来。期末结束时，我再次谈到了自己的不放心。她给我讲了一段语重心长的话："给他平台，他才会有责任感，才能去担当。何况还有你自己，担心他做不到时，可以事前提醒；担心他不落实时，可以事中督促；可事后你一定要用赏识的目光鼓励他做得更好！"是啊，当初的我，不也是在稚嫩中走上行政岗位的吗？如果有这么多担心，如果有这么多比较，怎么会有今天迅速成长的我呢？突然间，我对当年大胆起用我的龙继红校长肃然起敬。这是需要有一颗柔善之心的！难怪一再跟她唱反调的老师，遇上子女中考寻求学校的时候，她会不遗余力地帮忙；难怪明知一直在其背后说三道四的老师，遇上教学瓶颈的时候，她会倾尽心力地指导；难怪因某些事情的处理对她耿耿于怀的老师，有晋升机会的时候她会极力推荐……

"你高，我便退去，决不淹没你的优点；你低，我便涌来，决不暴露你的缺陷；你动，我便随行，决不撇下你的孤单；你静，我便长守，决不打扰你的安宁。"在她身上我能真切地感受到这水一般的气度柔情，难怪她的网名一直叫"上善若水"。

如果说敏锐如花是她的生命气息，激情似海是她的生命旋律，那善良如水就是她的生命底色。我很庆幸能在她身边，心揣一份真实，身守一片宁静。我更奢望这是一份永远……

婉约有致定乎内外之分
从容淡定辩乎荣辱之境

李葆春老师，是一位从教学一线成长起来的小语教研员。在李老师的玻璃板下压着这样一段话：教育需要诗意，需要洋溢着浪漫主义的情怀；教育需要激情，需要全身心地投入与无私地奉献；教育需要活力，需要以年轻的心态昂奋地工作；教育需要恒心，需要毫不懈怠地追求与探索。在大家的眼里，她唯美、敏锐、平和、淡定，以一种让人折服的智慧，展现知性女人的魅力。

一、博闻广识的选择荡涤智者的心尘

走近李葆春老师，你会忍不住多看她几眼。她的一颦一笑，仿佛能让焦躁的野马趋于平静。你能感觉她的气场中散发着悠远恬淡的书卷之气。似乎被书香浸淫日久，心胸玲珑，唯美高雅。假如你问她，工作之余的第一选择是什么，她会淡然一笑告诉你两个字：读书！假如你问她，业余生活的第一爱好是什么，她会欣然一笑告诉你两个字：

读书！是的，在李老师的开销中，购书是她唯一的清单。无怪乎她一路走来总是那么优秀！参加工作不到三年，就从地方选拔到了长沙；作为南区枫树山小学语文教学的形象代言人，所有区市级赛课都有李葆春老师的身影。1994年2月，李葆春老师来到了芙蓉区大同小学，连续三年为长沙市"新教材新教法示范活动"讲课；1995年执教《自信心是无价之宝》获省一等奖；1996年执教《勿以善小而不为，勿以恶小而为之》获省一等奖；1999年执教《镜泊湖奇观》获省一等奖……所有的奖项都是省级一等奖，这几乎创造了教师赛课的神话，而这神话的背后就是厚积薄发的积淀！无怪乎芙蓉区教科中心的领导找她谈话只说了一句话："你现在的优秀只让一个班的孩子享受，走上语文教研员的岗位，成为老师们的老师，你才能让更多的孩子分享你的优秀！"就这样，从教十五年的李葆春老师在众望所归中走入了芙蓉区教育科研中心，开始了她小语教研员的职业生涯！

走进李老师的书房，淡淡清香携着浓浓交织的书卷味送到你面前，你会不自觉地深吸一口气。翻阅这些厚薄不一的书籍，你才发现这一方小小天地的广阔。有艰涩难明的哲学书，有乏味枯燥的历史书，有通俗易懂的小说杂文，也有柔肠万千的诗歌散文。真是"于书无所不读，凡物皆有可观"！用她自己的话说："我本来是只会教书的教书匠，凭着良好的'课感'，我的语文课受到学生的喜爱、同事的认可、家长的赞许。但是教研员不一样，我要通过我的工作让更多的老师把课上好，促进教师的成长。我必须读更多的书，读更广的书，我才可能不负教研员的工作职责。"近十年中，读书作为她工作之余的第一选择，她畅游其中，享受其中。除了《教育心理学》《当代语文教育学》《新课程语文教学论》之外,《新课程培训系列丛书》《新世纪教师教育丛书》《语文课程理论基础》《走进语文教学之门》《语感论》《语文教学内容重构》《语文教学本体论》等专著是案头必备,《人民教育》《中小学教学》《小学语文教学》《小学语文教师》《湖南教育》等教学杂志更是期期必看。那些散文、小说、哲理也成了她与现实社会交流沟通的渠道。李老师静静地读,也默默地写。近十年,她主编、参编教育教学用书7本,有25篇论文在省级以上刊物发表,2篇论文获国家级一等奖,主持课题研究获市一等奖并获友谊科研奖,参与课题研究获国家级二等奖、省级一等奖。正是这样不断地读书,荡涤了她心中的浮躁与虚华,俨然一个智者,有着安静淡定的优秀,广袤儒雅的唯美。

二、潜心敏锐的思考彰显智者的思维

人们都说"思考力可以支撑起人生",是的,懒惰平庸的人往往不是没有行动,而是不动脑筋,这种习惯制约了他们摆脱困境的时机。相反,那些成大事者都养成了勤于思考的习惯。不敢说李葆春老师已成大事,但她绝对是一个善于思考的人。

"守住底线"是李葆春老师开展教学工作的原则。李葆春老师做教研员的十年,正是中国教育课改的十年。十年的酸甜苦辣也正是她智慧的彰显。课改伊始,语言文字的训练退居后席,人文性灌满整堂课;语文课上唱一唱、画一画成了必杀技;你谈我谈大家谈是课堂常态。在一片喧闹声中,语文老师迷失了方向。面对新课改,李葆春老师潜下心来思考。她常常思索"语文教学的底线在哪里",是啊,我们总要守住语文教学的底线。她告诉老师们，课标就是我们的底线。不管怎么改、怎么变，不管什么时髦、什么前卫，课标上的要求必须达到。3500个识字量要达到，80篇诗文要背诵，这些底线的东西必须不折不扣地完成。也正是在她的"底线理论"指引下，芙蓉区的语文教学出类拔萃。每年学生的毕业检测在全省都名列前茅，每年初中孩子的跟踪调查，芙蓉区毕业的孩子都基础扎实、素养全面。凭着对课堂教学的准确把握，在各类比赛中，李老师指导的芙蓉区的选手总能取得喜人的成绩。朱爱朝获全国第六届青年教师阅读教学比赛一等奖；刘再晖获湖南省低段阅读教学比赛一等奖；刘再晖、石海燕、张芳获市识字教学、阅读教学比赛一等奖；李毅等多人的教学光碟由湖南教育音像出版社出版发行。几年里，无论是在市级还是省级、国家级教学观摩研讨活动中，芙蓉区的语文课都以教学理念新、教师素质高给大家留下了深刻印象。李老师先后辅导32名教师在国家、省、市级各类比赛中获奖。她主持的"小学语文教学创新研究"课题获长沙市教育科研成果一等奖，她参与的"教师队伍建设的途径与方法研究"课题获湖南省教育科研成果二等奖。

"发现推广"是李葆春老师开展教研工作的守则。课程改革的核心环节是课程实施，课程实施的基本途径是课堂教学。从优秀小学语文教师成长为教研员的李老师更是深知课堂的重要性。担任教研员以来，李老师一直没有脱离课堂，下校听课是工作的重要组成部分，每学期听课都在100节以上。听课的目的不只在"听"，更在于思考与发现。发现问题，发现经验，发现新人。对于新人要提供平台，对于经验要善于总结推广，对于问题要善于思考找到解决的路径。李老师就是一个善于发现、善于思考的教研员。她善于发现老师教学中的问题。老师们都说，听李老师评课，总能有茅塞顿开的感觉。凭着对课程理念的准确理解，对课程标准和语文教材的准确把握和丰富的小语教学经验，李老师总能敏锐地发现教学中的问题与毛病，总能给老师们以恰当的建议。她善于把教学中的普遍问题上升为小课题研究，开展基于问题的专题教研活动，提升教研的质量。近年来围绕"略读课文教学""童话教学""拼音教学""古诗教学""作文教学""语文学习评价"等专题开展的研讨活动受到了上级领导与专家的好评，在这样的专题研讨活动中，教师的专业素养得到了提升。她善于发现经验，并进行推介。育英小学的日记小列车、八一路小学的语文学习评价、大同二小的习作研究均作为典型活动对全市小语教师开放。而全区语文特色教研活动交流也让全区各校在分享经验的同时获得启示。她善于发现新人，为教师成长提供舞台。在听课的过程中，李老师一旦发现出色的青年教师，总是想方设法为他们搭建舞台，让他们体验成功的喜悦。从教案的选优，到比赛选手的产生，到反复试教的指导，她的付出是常人难以想象的。许多老师谈起李老师的这份敬业精神，无不为之动容。"名师从这里起步"就是展示青年教师课堂教学的舞台，王宇、辛晓明、蔡敏、周文佳等多名青年教师就在这样的舞台上展示着他们的独特风采。

"研训一体"是李葆春老师开展培训工作的模式。她根据一线教师的实际情况总结出了"问题引路—板块教学—案例先导—实践跟进"的工作思路。培训前总是先有问卷调查，把老师们的问题和困惑进行归类，再分板块制订切实可行的培训计划。以案例分析为先导，引发思考与讨论，然后再回到课堂进行教学实践。鼓励教师大胆尝试，督促实践后的及时反思。李老师相信，只有沿着"学习—思考—实践—反思"的路子前进，老师们才能有所提高，才能实现"培训是为了促进教师专业成长"的目标。为了让每一位老师能有所收获，她精心设计培训板块，认真准备每一次培训内容，翻阅理论书籍，寻找典型案例，使所讲内容有理论深度，又有来自教学一线的大量案例，开拓了大家的视野，丰富了学员的眼界，引领一线教师向"研究型"教师迈进。

李老师热爱自己的工作，她深知做好任何一件事情光苦干是不行的。学而不思则罔，她对课改的思考、教学的思考、教研的思考，让芙蓉区整个小学语文教改有方向、教研有成绩、培训有特色。

三、令人仰慕的幸运辉映智者的心境

大家都说她是一个幸运儿。她似乎与生俱来就是荣誉光环的主人。1998年被评为湖南省优秀教师并记二等功一次；1999年被评为芙蓉区师德规范十佳教师；2000年当选为中国共产党长沙市第十次代表大会代表；2001年被评为长沙市先进教育科研工作者，被认定为芙蓉区第一批学科带头人；2002年被评为长沙市教育学会先进工作者；2003年被选为长沙市教育学会小学语文专业委员会常务理事，当选芙蓉区十佳师德标兵，优秀学科带头人；2004年被评为长沙市优秀教研员；2005年被评为中国教育学会小学语文教学研究会系统先进工作者……一路细数过来，所有的荣誉她都拥有了；只要是行政部门、社会团体设的奖项她都得了。无论是十个里面评选一个，还是全区推选一个，只要报送李葆春的材料就没有落榜过。无怪乎老师们羡慕不已，同行们啧声不断！这里有嫉妒，有羡慕，但更多的是敬佩！因为大家更清楚这份幸运的背后承载的是世事洞明、人情练达！

她总是保持着一种微笑。大家不解地问："每天面对这么多工作头绪，您怎么笑得起来呢？"她总是平静地说："干吗不笑呢？生活是镜子啊。"是啊，孩子们的求学欲望是由教师激发出来的，假如他们是温和的，是循循善诱的，不用粗鲁的办法去使学生疏远他们，而用仁慈的感情与言语去吸引他们；假如他们和善地对待学生，他们就容易得到学生的好感，学生就宁愿进学校而不愿意留在家里了。"谁知道哪块云彩会下雨？让我们多一些微笑和宽容吧。"李老师如是说。怎样对待工作，怎样对待学生，她用行动为学员做出了明示。

每学期李老师都要下到全区每所学校听课。一期下来，厚厚的听课本就如同字典一般厚重而丰富。面对全区的语文教师，从指导到上课，从听课到评课，从未有居高临下的感觉。"上完课你自己怎么看待这节课呢？""如果是我，我会这样处理！""一种是我这样设计，一种是你这样设计，你现在会选哪一种呢？"这是李老师千篇一律的评课语录。可就是在这看似千篇一律中，我们看到了李老师的平和。她从不以专家的高度凌驾于人之上。听她的评课，你会走进她的内心，被她的理论高度折服，更被她的人格魅力折服。她以一种平和的教育智慧原谅悟性稍差者当前的落后，用发展的眼光看待老师日后的优秀。正是在这份平和中，老师们不断地积累着教师的知识、严谨、情感、个性和方法，感受着成长的快乐，使老师在语文教学中静观万物，感受与世界一样博大的诗意。

每学期李老师都要负责教师的培训工作，有上岗班、新进教师培训班、骨干教师研讨班，作为这些班级的班主任老师，平等是她的姿态，尊重是她的原则。她以更多的耐心、更多的宽容、更多的理解、更多的信任与学员进行沟通，尊重学员的意愿与情绪，倾听学员的意见和要求。她没有对新进教师"恨铁不成钢"的焦虑，没有对年轻教师"揠苗助长"的虚伪，没有对教师所犯错误的刻薄，也没有对教师教学失误的耿耿于怀。一期又一期的学员来了又走了，李老师的宽容，成了老师成长的力量。这种宽容感染着每一个人，影响的不仅仅是有知识的新人，更是富有人格力量的新人。这种新人不仅能够用宽容来回报宽容，更重要的是他们能够在宽容中形成自信的品质，总能在自信中找到教语文的感觉。

是啊，在她的身上我们无时无刻不感受到一种平和与宽容。这就让我们不难理解为什么所有的幸运都是她的，为什么在她千般推托之下，还有老师、领导要评她为先进，悄悄为她送上评选材料。正是这份幸运，辉映着她的平实与宽容，俨然一个智者，有着谦逊宽广的胸怀，淡泊宁静的品质。

四、矢志不渝的坚守折射智者的姿态

有人说，坚守，是一种勇气！也有人说，坚守，是一种态度！而我们在李葆春老师身上感受到的坚守则是一种智慧。

清楚地记得2004年，长沙市教育局成立师德讲师团。四县五区推选一到两名师德高尚的老师参加讲师团，李葆春老师又成为芙蓉区推荐名单中的首选。她有知性的外表，她有内敛的嗓音，她有现成的材料。作为芙蓉区的代表，大家觉得她是不二人选。领导找她谈话，恭喜她获得这份荣誉，并希望她在近一年的各地巡回演讲中展示芙蓉区教师的育人情怀。面对这份足以风光一时的荣誉，足以声名鹊起三湘的光环，她毅然放弃了。一年的巡回演讲意味着无法下校听老师的课，这会辜负老师的期盼；意味着无法照常开展培训活动，这会耽误教师的成长……太多太多的放不下让她选择放弃名利，依然坚守着语文教学这片伊甸园。

还是那一年，出色的工作业绩、出众的才华人品、负责认真的工作态度，让领导们觉得她是一位可以托付重任的好老师。芙蓉区教科中心提拔她当副主任。面对这个有着大好前程的行政岗位，谁能不动心呢？可想想自己一直坚守的语文教学，想想自己二十几年的努力付出，尤其是想到芙蓉区500多名语文老师期盼的眼神，她再一次选择了放弃，还是放弃那份唾手可得的名利。

你可能不敢相信，立足课堂，潜心教研近十年，李葆春老师写下了十几万字的教研笔记。更难能可贵的是，这些教研笔记都是下校听课记录下来的真情实感。一小段就是一篇小论文，真实折射出一线老师从初上讲台的茫然到逐步成长的教学生命痕迹，具有很强的实际意义，是许多出版社、杂志社青睐的原始文稿。从国家级刊物到地方级出版社，许多人找到李老师约稿，建议她整理后出书。可反复整理文稿后，李葆春老师觉得这些点滴感悟实践层面确实宝贵，可缺乏理论支撑，她没有答应整理出版。许多人甚觉可惜，纷纷给她建议：理论层面的可以参看名人名家的经典语录，摘抄一二便可；把大家的理论用另一种语言表达出来就是你自己的理论啦；做点复制、粘贴、删改的工作就行了。还有人安慰她，现在真正有自己理论的人根本就没有，你不要有愧疚感。面对大家的好心她泯然一笑，可却态度坚决地放弃了出书的想法。她相信，对教育这片圣土固执的坚守是需要有人付出代价的，她会用毕生精力去坚守。她也相信，自己的这份坚守能有厚积薄发的力量！她又一次选择了放弃名利！

是啊，当我们把目光放在他人的成就上的时候，往往很容易就忽视了这成就背后的那些最简单的坚守！我想，李老师对语文教学的这份坚守就如同天安门前一年365天随太阳准时升起的五星红旗，它已成为一种信仰！她的坚守折射的智者的姿态就是放下，放下名，放下利，放下一切私心杂念。坚守自己的本分，坚守自己的内心，坚守自己内心最纯洁的那一方语文教学天地。

"她每天把自信投射给我们，让我们日日滋长着自信；她每天把尊重传递给我们，使得我们天天有尊严地成长；她每天把激励和赏识存入我们的心田，让我们时时体验着学习和生活的快乐。"这是我们孩子心中的李老师。"您像一朵花，雨花是一种造化，晶莹，纯洁，是精灵，也是天使，然而它比精灵更有灵性，比天使更有爱心，它滋润山川，染绿枯草，为创造生命的绿色而贡献自己。"这是我们老师眼中的李老师。"她就像盐，撒在哪儿都不招摇，不张扬，却能很快融入其中，淡淡的却其味无穷！"这是我们领导心中的李老师。我们都衷心祝福她面带微笑、胸怀理想演绎自己的智慧人生！

处处留心皆学问

倒车

一如既往，爱人娴熟地把车子从小区后栋狭长的过道中倒出来。每天的重复让爱人少了些许谨慎，正巧侧旁停了一辆小车，我还没来得及提醒，两台车的反光镜就碰到了一起，镜缘相碰的那一下，镜座都顺势往后折了一下，竟然没有丝毫损伤。爱人开着车顺利地倒出了过道口，我庆幸地舒了口气："幸亏你速度不快！幸亏这反光镜没有固定死！"

是啊，倘若这反光镜岿然不动，那今天的结局就是两败俱伤。不把自己固定在一点上，实际上就是给自己、给他人留余地，我不禁欣赏起这一智慧的小设计。想想对人对己又何尝不是这个理呢？不给自己一个圆点，而给自己一个圆圈，这是对自己的一分宽容，当我们强调事事都精准到一个点上时，我想那份过程中的快乐会荡然无存。就如同跳伞运动员，每次落地都要求立于一点，那份焦灼、那份失落是不言而喻的。给自己一个圆，也是给予了自己一条做人做事的底线，不超出圆圈也就守住了底线，而在圆内任你大胆尝试，任你自由驰骋。这种自由呼吸的感觉，让你更能放开手脚做到更好！

开电脑

恩恩学校开运动会，班主任老师交给每个家长一个任务，写孩子们方块队的入场解说词。我匆忙地坐到电脑前，想趁孩子睡觉前润色完，交上一份满意的答卷。开电源、开机、开显示器……一系列动作之后等待电脑执行相关程序。一弹出拨号方框，我就迫不及待地开始一系列操作。拨号、打开文档、上网搜索相关资料……动作是一环套一环，娴熟而有序，可屏幕却无动于衷，仍停留在原始状态。我一急，又移动鼠标点这儿点那儿，可越急电脑就越没有反应。爱人在一旁搭话了："你一下点那么多操作，它执行哪一条呢！"

是呀，"你一下点那么多操作，它执行哪一条呢！"想想还真是这么回事，平常教育孩子，在孩子耳边说这说那，要求这个，指责那个，恨不得孩子一下就能把一些坏习惯全改了。谁曾想过，孩子执行哪一条呢？他从何入手呢？着急的操作换来的是超时的等待，甚至是死机。教育孩子何尝不是这样呢！

开门

调离了原单位，小侄女一直念叨着要到我的新学校看看。趁着这个双休日有时间，她早早地约上了两个小伙伴在校门口等我。她远远地看见我就说："姑姑，你办公室在哪儿？我去帮你开门！"她兴奋地领着小伙伴就往我指的楼层跑。小侄女跟我三年，已经习惯了每天帮我开门。

"哪把钥匙呀？"这时她才发现，钥匙还是那把钥匙，可门已经不是那扇门了。望着这一大串该用哪一把呢？

"我们每一把都试一下不就知道了！"

"那要试到什么时候？这么多！"

"哎呀，直接问姑姑不就可以了！"

三个小家伙在试着找方法。看见我上来，她们异口同声地问："哪把钥匙开您办公室的门呀？"当然，我毫无悬念地告诉了她们。孩子们笑曰："一把钥匙只能开一扇门！"

玥玥拿着我指的那一把顺势插进了钥匙孔，往左拧了半天可还是没打开，另两个急着提醒她："你往右试试，方向不对也打不开！"欣欣干脆拉开玥玥，自己赶紧上手，可往右转了两圈，门还是没打开。"再多转几圈，你没转到位！"很有经验的小侄女在一旁进行指导。果不其然，"咔嚓"一声，门开了。

三个小家伙一边打量整个屋子，一边煞有介事地进行评价。出于职业的习惯，我冷不丁地说："今天开门，你们可是讲了几句大哲人讲的话！你们看，首先要……"

"首先要找准钥匙，一把钥匙开一扇门！"

"方向要对！"

"要转到位！"

没想到三个小家伙几句话就把要领全讲出来了。"是啊，你们学习是不是也是这样？解题时首先要找到钥匙，解题的思路要对，要一步一步解到位。"三个人略有同感地点点头，我则心满意足地继续当他们的讲解员。

收衣服

暑期休闲在家，负责起家人衣服的收纳。还别说，一家三代住在一起，每天洗晒的衣服挂满一阳台，没有二三十分钟，这些衣服还真不能分门别类地送回各自的衣橱。

我每天照例完成这项使命。可每天晚上爱人一睡觉，不是从他背下摸出一个小夹子，就是在枕头旁发现一双袜子。大件是没有，可总有一两样小东西遗漏在床上。起初，我也没在意，发现了再临时归位，可次数一多，我发现爱人话里带话，有嫌弃之意。说来也是，我每天都是把衣服收来往床上一扔，然后取衣架、分类折叠，在我动作娴熟之余，总有一两条漏网之鱼。当人怀着惬意之情舒展地往床上一躺，总是被一两件小物件咯着背，那种舒坦在瞬间荡然无存的感觉确实不爽。

第二天，我改变了自己随意丢放的方式。衣服还是一件一件折好分类放置，但取下来的每一个夹子我统一放在一堆，每一个衣架分大小两类，头朝一个方向放在固定的顺手位置。同样的时间，却发现事情做得漂亮多了。更得意的是，我再也不用满床爬，找那些被我丢掷的衣架、衣夹。这些重拾它们的时间被节省下来。

其实，很多时候做事情都讲究"有序"，任何一个节点上的"随意"都有可能让你付出更多的代价。时间上的，精力上的，有时甚至是"伤害"。

八十分里的最高分

崽崽今天数学考试出成绩，一回家我暗示了他好几回，希望他自行"招供"。可从崽崽躲闪的眼神中，我猜测成绩一定不理想。几番心理较量之后，我还是忍不住提前发问："成绩出来了吧，考得怎么样？""妈妈，告诉你啰，我考了八十分里的最高分！""八十分里的最高分！"我气都冒到了嗓子眼，谁都知道这个分数不理想。难怪他之前躲躲闪闪。孩子怔怔地望着我，有等待受罚之心，更有期待奇迹发生之意。琢磨着孩子的回答，那一刻，我仿佛觉得孩子的分数已经不那么重要了，内心涌动的是一份感动。孩子是懂事的，为了妈妈不那么生气，为了大人能接受事实，他将一个简单的89分，用一句富有哲理的句子来做了回答。是啊，八十分又怎样？在这个层级里已经是最高分啦！

难怪，开车碰上红灯，有的人会认为：我怎么这么倒霉，一到我就是红灯！而有的人却开心至极：等到绿灯一亮，我就是第一个出发的！不得不承认，我们大人有时候还真应该向孩子们学习，换个角度海阔天空！只要你愿意，任何事情都可以释怀。

机会生于细微之处

闲来无事和父亲一起看"雷剧"，那打斗的场面甚是精彩，带着主角光环的李健与斧头帮头子拳脚相向。躲闪之间，两人势均力敌，可毕竟土匪头子有利器斧头在手，一退再退之际，李健竟被逼退到一棵大树旁边。土匪头子一个猛劈，斧头砍进树干里数厘米深，一时间竟拔不出来。李健随机一反手将土匪头子抵在树干上，一时动弹不得。毕竟是老奸巨猾，土匪头子一绕腿将李健踢了个趔趄，他趁机拔出斧头，没等李健反应过来，就将斧头朝李健甩去。眼看就要劈向李健眉眼之间了，李健找准斧头旋转的力道与速度，竟一把抓住了斧柄，没有耽搁，同样朝土匪头子甩去。镜头转向了土匪头子，只见他非但没有躲闪，反而脸上微露出一丝得意。看样子，一个斧头帮的帮主，接住这迎面扑来的斧头，应该不是什么难事。果不其然，斧头还未来得及近身，他一伸手就稳稳地抓住了斧柄，眉眼间有一丝得意，他竟张嘴想大笑。可就在嘴角微微上翘之时，面部表情却僵住了，接着是痛苦万分，嘴里竟喷出了几口鲜血，原来斧头与斧柄脱节，直接插入了他的胸口，还没有明白是怎么一回事，就一命呜呼了！两个人，论打斗能力，明显李健处于劣势；论捕捉时机、反应速度，李健丝毫也不占上风，可唯独土匪头子少了一丝细腻：当斧头被他劈进树干，又被自己强力拔出时，斧柄接口处已经有所松动，李健就是洞察到斧头的这一变化，在第二次将斧头甩出时巧妙地运用了手劲，让自己一招杀敌。正所谓细节决定成败，有时一个小疏忽就连生还的机会都没有了。

垂钓

闲情垂钓，古来有之。"一曲高歌一樽酒，一人独钓一江秋"，这是王世祯的逍遥；"孤舟蓑笠翁，独钓寒江雪"，这是柳宗元的孤傲。垂钓不仅是一种捕鱼方式，更是心境的一种表达。无意间看到一档转播垂钓的比赛节目，我竟诧异，今人的垂钓已演化到这一"境界"。放眼望去，两岸一字排开，垂钓者居坐其中。橙艳的统一服装，如斗牛士手中的红布跳入我的眼眸，心中只剩一份焦灼与躁动。我想鱼儿们见此架势，理应早已惊得潜入湖底。阳光直射湖面的波光与选手眼镜折射的蓝光，加之桶、盆、衣反射的白光，晃得人心绪不宁。而就在此时，一声闷噪的枪声响起，原来这是比赛开始的号令。我敢断言，此时若还有鱼儿敢一探究竟，一定是老眼昏花、耳聋目呆者。我已无心观战！我想垂钓追求的绝不是最后那鱼儿上钩的多少，又或是鱼儿上钩时的那份惊喜与快乐。想起若干年前，同样是一档垂钓节目，一湾湖，任垂钓者选址湖心或湖畔。青山绿水，垂钓者置身其中，眼中只有那随波漂动的鱼漂。一处垂钓就是一组画面，世界也仿佛在此刻静止一般。那细丝所系绊的，是所有垂钓者的希望；鱼儿上钩时的瞬间，是所有垂钓者的机会；宁静中激活希望，等待中历练专注，垂钓是不能失了那份意境与心境的。

留出创造奇迹的机会

吃晚饭时，电视里正在上演拳击大赛，听解说词，明显感知解说员带有倾向性，忍不住看了几个回合。说实话，两个人实力相当，但由衷佩服两位选手的职业操守，尽管已筋疲力尽，但都在全力以赴为观众上演一场扣人心弦的世纪大战。看着两位选手鼻青脸肿，有一位眉骨都已裂开，我忍不住嘟噜了一句："这项运动谁发明的？太残忍了。"一旁观战的爱人却提出反对意见："所有运动只有拳击最好看，从头到尾可能旗鼓相当。但发生奇迹的机会永远为选手留着，只要你一下把对方打倒在地，哪怕你一直处于劣势，也将成为最后的赢家。"不经意的一句话却让我发现，制度的制定需要智慧，永远要让制度之内的人不放弃创造奇迹的机会。制度的制定是为了盘活，而不是为了管死。

你的态度一定要明晰

晚上从朋友家聚餐回来，开车行进一个路口，需要掉头，我早早地打了转向灯，可从反光镜中看见左侧一直有车前行，我又想变道到左边，又担心被后方的车撞到。由于一直处在两个车道的中间，坐在副驾驶位的爱人看着都着急，忍不住又开启了唠叨模式："你需要给后方车辆一个明确的指示，变或不变，要干脆，越犹犹豫豫越容易出事。"我把车头果断一插，果不其然，后方的车辆让了我，我顺利变到了左车道。在路口掉头时，我的"礼让"心理又占据了上风，明显不敢把车头探出去，龟缩在路口处，等待着来往的车辆能留一个足够长的空当让我趁机掉转车头。可谁都对我视而不见，没有谁有意识礼让我一下。"你留有余地，所以别人都肆无忌惮。"爱人又在一旁絮叨，我紧皱眉头瞥了他一眼，他继续发表高论："把车子打横，你就是在告诉别人，我现在要掉头，不然就会撞上去。"姿势代表态度，态度明确，别人才知道怎么做。

一枚硬币的两面

硬币有两面，一面称为"国"，一面叫作"花"。曾几何时，人们在面临两难抉择时，就会采用掷硬币的方式给自己一个下定决心的心理暗示。农家两兄弟，一个选择"国"，另一个接受了"花"。自此，两人的命运有了天壤之别。世界杯比赛开始时，掷硬币，谁赢了谁就有了第一场选边权。

硬币有两面，人和事又何尝不是这样呢？人有高矮、胖瘦，人性也有善恶、美丑。老祖宗在《易经》中就有阴阳一说。我总相信，人性的善恶也是完整地统一在一个人的身上。看过《少林寺传奇》，有一个女孩儿，因为家破人亡，从小备受冷落和欺凌，长大后，为了保护自己，苦练魔功，她四处杀人，威震四海，是个人人痛恨的女魔头。一群少林弟子与她邂逅，陪她受苦，真诚地关心她，帮助她，被善良感化了的她回头是岸，走回正道，成了劫富济贫、扶危扬善的侠义之士。

我们也时常在网络上看到这样一个词，"59岁现象"，这些人几十年来勤勤恳恳，为企业、为民众俯首甘为孺子牛，可在行将退休之际，却贪污受贿，跌入犯罪深渊。

恶者从善，善者为恶，在社会中都有呈现。可见，善恶其实是一种选择，就如同硬币的两面，我们要做的就是哪怕在泥泞中也应该依然坚守善良，让它成为人性中最耀眼的光。

祸兮福所倚，福兮祸所伏。一件事情也有它的两面性。从古时候的塞翁失马，到今天的因祸得福，都在诠释事物的两面性。记得母亲有一位同学，因为工作性质特殊，常年熬夜喝酒，突有一天脑干出血，送进了重症监护室，在与死神搏斗的那半个月里，他凭借不放弃的求生欲苏醒了过来。这场灾难，对他，对他的家人都是一场祸事。可也正是因为这次病倒，他摒弃了毫无规律的生活习惯，让自己的生活又重新燃起了希望。

习近平总书记多次在不同场合强调全民健身。大大小小的马拉松赛事在各大城市风行，显然，举办赛事能够增强民众参与运动的意识，但每一届都有人因比赛而受伤，更有甚者直接猝死。所以面对事情的两面性，需要我们辩证统一地去看。选择夜晚，你就会在黑暗中迷失方向；选择黎明，你就能看见阳光。

《唐人街探案》里面有一句话，你白天做神，晚上做兽，却忘了怎么做个人。大家有没有注意到，硬币不单单只有两面，还有中间那小小的一部分。当我们在硬币的两面中徘徊时，却忘了我们可以守住中间小小的那一部分。可能有人说你锋芒毕露，也有人说你圆滑世故，在这两者之间找到一个对自己、对大家都舒服的平衡点，我认为这才是最重要的。

硬币的两面性，给予了我们一种选择方式。人性的两面性，让我们有了行为方式上的选择，思想意识上的选择，平衡支点上的选择。我们选择一种高度，便会有一览众山小的气魄；我们选择一种深度，便可有海纳百川的胸怀。种子选择土地的温暖，蜜蜂选择百花的芬芳，而我们一定要向阳生长！